Sven Kamchen



# Besteuerung und Bilanzierung von Bitcoin & Co.

## Strategien, Steuertipps, Steuerwissen zur direkten Umsetzung

2020
HDS-Verlag
Weil im Schönbuch

HDS
Verlag

Bibliografische Information der Deutschen Nationalbibliothek
Die Deutsche Nationalbibliothek verzeichnet diese Publikation
in der Deutschen Nationalbibliografie; detaillierte bibliografische Daten
sind im Internet über http://dnb.de abrufbar.

Gedruckt auf säure- und chlorfreiem, alterungsbeständigem Papier

ISBN: 978-3-95554-619-9


www.hds-verlag.de
info@hds-verlag.de

Layout: Peter Marwitz – etherial.de
Einbandgestaltung: Peter Marwitz
Kreis: Bildmarke der Asmus Kamchen Koch Wermke GbR, Registernummer beim DPMA: 302017019640
Druck und Bindung: Books on Demand GmbH

Printed in Germany
2020

**HDS-Verlag Weil im Schönbuch**

# Der Autor

**Dipl.-Bw. (DH) Sven Kamchen LL.M.**

Wirtschaftsprüfer, Steuerberater

Der Autor ist Partner der interdisziplinären Kanzlei für Steuerberatung, Wirtschaftsprüfung, Rechtsberatung und Consulting ASMUS KAMCHEN KOCH WERMKE (ihre-mittelstandsberater.de) in Kaiserslautern.

Er studierte von 1998 bis 2001 an der Dualen Hochschule Mannheim in der Fachrichtung Steuern- und Prüfungswesen, welches er als Dipl.-Bw. (DH) abgeschlossen hat.

Im Jahr 2007 erfolgte die Bestellung zum Steuerberater, 2010 zum Wirtschaftsprüfer. Im Jahr 2012 erfolgte die Ernennung zum Mitglied im Prüfungsausschuss der Wirtschaftsprüfer.

Nach Absolvierung eines Masterstudiengangs an der juristischen Fakultät der Universität Saarbrücken erlangte er im Februar 2017 seinen Masterabschluss als Wirtschaftsjurist (LL.M.).

Die Schwerpunkte seiner Tätigkeit liegen in der Beratung mittelständischer Unternehmen für steuer- und betriebswirtschaftliche Fragestellungen aller Art.

Weiter führt er als Wirtschaftsprüfer insbesondere gesetzliche und freiwillige Jahresabschlussprüfungen aller Größenklassen und Rechtsformen durch.

In der Kanzlei ist er verantwortlich für die Implementierung digitaler Prozesse und erster Ansprechpartner für die Bilanzierung und Besteuerung von Kryptowährungen.

Gallup Stärken:
Harmoniestreben | Analytisch | Gleichbehandlung | Disziplin | Zukunftsorientierung

# Vorwort

Als Steuerberater und Wirtschaftsprüfer war und ist es immer mein Bestreben präzises und rechtssicheres Wissen über ein Themengebiet zu haben. Denn nur dann bin ich dazu in der Lage Mandanten zielgerichtet, optimal und damit nutzenorientiert beraten zu können. Als ich angefangen habe, mich mit dem Thema Kryptowährungen und deren Besteuerung und Bilanzierung zu beschäftigen, musste ich sehr schnell feststellen, dass verfügbare Informationen, dazu über das ganze Internet verstreut abrufbar waren. Die meisten Informationen beschäftigten sich immer wieder mit der gleichen Thematik und waren nicht ergiebig in Bezug auf das ganze Spektrum der heute verfügbaren Betätigungen in diesem Bereich. Das Thema Kryptowährung beschränkt sich mittlerweile nicht ausschließlich auf den Handel damit. Das Ökosystem entwickelt sich stetig weiter und es tauchen immer mehr Produkte und Möglichkeiten auf dem Markt auf. Hierzu gab und gibt es auch heute, wenn überhaupt, nur selten irgendwelche Informationen wie diese steuerlich oder bilanziell zu behandeln sind.

Die Gesetzeslage wurde weder an das Thema Krypto angepasst, noch gibt es ausreichend belastbare Einlassungen der Finanzverwaltung. Insofern kann sich weder der Investor, Anleger, Trader noch jedweder andere Nutzer des Krypro-Ökosystems hinreichend sicher informieren.

Außerdem ist festzustellen, dass das Internet durchsetzt ist mit Halbwahrheiten, Vermutungen und nicht belegten Hinweisen, wie der ein oder andere Sachverhalt beurteilt werden sollte oder muss. Ganz davon abgesehen, dass es nicht nur darum geht die Tätigkeiten in das Besteuerungssystem einzuordnen. Der Interessierte möchte sicherlich auch den ein oder anderen Tipp haben, um sich steuerlich klug zu verhalten und etwaige Steuerfallen von vorneherein rechtssicher zu umschiffen.

Insofern war es an der Zeit sich diesem Thema anzunehmen. Jedoch wenn, dann nicht nur halbherzig, sondern in der kompletten Bandbreite und möglichst umfassend. Das Wissen soll dabei aber nicht nur dem Steuer- oder Bilanzierungsprofi zugänglich sein, sondern auch der „normale" Krypto-Nutzer soll sich in einer verständlichen Art und Weise einen Überblick verschaffen können. Daher richtet sich dieses Buch sowohl an Steuer- und Bilanzierungsexperten, welche sich erstmals in die Thematik einlesen wollen, als auch an den Laien.

Um diesen Ansprüchen zu genügen, war es nicht ausreichend, direkt in das Thema einzusteigen und auf wenigen Seiten kompaktes Wissen niederzuschrieben. Vielmehr ist das Buch strukturiert in verschiedene Bereiche unterteilt. Der erste Abschnitt beschäftigt sich mit Hintergrundwissen zum Krypto-Ökosystem und wurde vor die Klammer gezogen. Hier befindet sich ein ABC, in welchem die wichtigsten Krypto-Begriffe erläutert wurden. Wer sich bereits auskennt, kann diesen Abschnitt überspringen oder einfach nur als zentrales Nachschlagewerk nutzen. Der Neueinsteiger hat aber die Möglichkeit sein Wissen auf einen Stand zu bringen, dass er ein Grundverständnis von den Begrifflichkeiten erwerben kann. Damit ist er in der Lage spätere Informationen besser einordnen zu können.

Der Abschnitt Besteuerung beschäftigt sich nicht nur mit den einzelnen Tätigkeiten, sondern verschafft zunächst einen kompletten Überblick über das deutsche Steuersystem, deren wichtigsten Steuerarten, den Verfahrensabläufen von der Erstellung der Steuererklärungen, über die Veranlagung bis hin zum Einspruchs- und Klageverfahren. Ebenso werden wichtige Bereiche wie die Steuerhinterziehung, Auskunftsmöglichkeiten der Finanzverwaltung sowie die Einholung von verbindlichen Auskünften beim Finanzamt dargestellt. Auch dies wurde vor die Klammer gezogen ehe die einzelnen Tätigkeiten steuerlich betrachtet werden.

Für die Darstellung der eigentlichen Tätigkeiten wurde ein einheitliches Gliederungsmuster gewählt, um die Einarbeitung zu erleichtern und eine Vergleichbarkeit herzustellen. Nach der Verschaffung eines ersten Überblicks wird zunächst die Einkunftsart bestimmt ehe die eigentliche Besteuerung beschrieben wird. Zum besseren Verständnis werden Sachverhalte in vielen Fällen anhand von Beispielen dargestellt. Abgerundet wird jeder Abschnitt durch eine zentrale Übersichtstabelle, in welcher eine Zusammenfassung stattfindet und die wichtigsten Literatur- und Rechtsquellen genannt werden.

Außerdem gebe ich Tipps, wie man einen guten Steuerberater erkennen kann.

Als Wirtschaftsprüfer und Steuerberater lebe ich konstant in zwei Welten. In der des Steuerrechts und der des Handels- und Gesellschaftsrechts. Also war es für mich nur konsequent und folgerichtig, nicht nur eine rein steuerrechtliche Abhandlung des Krypto-Ökosystems zu verfassen, sondern auch das Thema Bilanzierung von Kryptowährungen darzustellen. Auch hier habe ich auf ein einheitliches Gliederungsschema geachtet, um eine maximale Nachvollziehbarkeit zu gewährleisten. Auch bei diesem Abschnitt wurde ein allgemeiner Einleitungsteil vor die Klammer gezogen. Die jeweiligen Bilanzierungsthemen werden dann wie im Bereich der Bilanzierung üblich, strukturiert nach Ansatz, Ausweis, Erst- und Folgebewertung besprochen.

Ich wünsche jedem Leser, Krypto-User und/oder Steuerexperten viel Kurzweil beim Lesen des Buches und ein gutes Händchen für ein erfolgreiches Investment bei möglichst geringer steuerlicher Belastung.

**Kaiserslautern, März 2020**

# Inhaltsverzeichnis

**Der Autor** . . . V
**Vorwort** . . . VII
**Abkürzungsverzeichnis** . . . XV

**I. Geschichte der Kryptowährungen** . . . 1

**II. Definitionen** . . . 4
A. Airdrops . . . 4
B. Blockchain . . . 5
C. Double Spending . . . 6
D. Exchanges . . . 6
E. Forks . . . 7
F. ICO . . . 8
G. IEO . . . 8
H. Lending . . . 8
I. Mining . . . 9
J. Mining Difficulty . . . 10
K. Private und Public Key . . . 10
L. Proof Of Stake . . . 11
M. Proof Of Work . . . 11
N. Security Token (STO) . . . 11
O. Seed . . . 11
P. Smart Contracts . . . 12
Q. Token . . . 12
R. Wallets . . . 15

**1. Abschnitt: Besteuerung** . . . 18

**I. Grundsätzliches** . . . 18

**II. Steuerarten** . . . 20
A. Einkommensteuer und Körperschaftsteuer . . . 20
B. Gewerbesteuer . . . 21

C. Umsatzsteuer . . . 22
D. Erbschaftsteuer . . . 23

**III. Das Besteuerungsverfahren . . . 26**
A. Verpflichtung zur Abgabe einer Steuererklärung . . . 26
B. Verluste bei den Einkünften . . . 28
C. Vor der Abgabe . . . 29
D. Die Erstellung der Steuererklärung . . . 30
E. Nach der Abgabe . . . 31
F. Der Einspruch . . . 32
G. Die Klage . . . 33

**IV. Weitere wichtige Steuerthemen . . . 36**
A. Steuerhinterziehung . . . 36
B. Sammelauskunftsverfahren . . . 37
C. Verbindliche Auskunft . . . 38

**V. Die einzelnen Tätigkeiten und deren Besteuerung . . . 40**
A. Besteuerung Trading von Coins . . . 40
1. Überblick . . . 40
2. Bestimmung der Einkunftsart . . . 40
a) Abgrenzung der Vermögensverwaltung vom gewerblichen Trading . . . 40
3. Besteuerung . . . 42
a) Besteuerung bei privater Vermögensverwaltung . . . 42
b) Freigrenze . . . 42
c) Verluste . . . 43
d) Verbrauchsfolgeverfahren . . . 43
4. Zusammenfassung . . . 46
B. Besteuerung von Mining . . . 47
1. Überblick . . . 47
2. Bestimmung der Einkunftsart . . . 47
a) Abgrenzung gewerbliches und privates Mining . . . 47
b) Abgrenzungskriterien . . . 47
3. Besteuerung . . . 49
a) Besteuerung von gewerblichem Mining . . . 49
b) Besteuerung von privatem Mining . . . 50

4. Zusammenfassung ........ 51
C. Besteuerung von Staking ........ 52
1. Überblick ........ 52
2. Bestimmung der Einkunftsart ........ 52
a) Staking als gewerbliche Tätigkeit? ........ 52
b) Staking als Einkünfte aus Kapitalvermögen? ........ 53
c) Staking als sonstige Einkünfte? ........ 54
3. Besteuerung ........ 54
a) Einkünfte aus Staking ........ 54
b) Einkünfte aus der Veräußerung der gestakten Coins? ........ 54
c) Verlängerung der Haltefrist auf 10 Jahre? ........ 55
4. Zusammenfassung ........ 55
D. Besteuerung von Forks ........ 56
1. Überblick ........ 56
2. Bestimmung der Einkunftsart ........ 56
3. Besteuerung ........ 56
4. Zusammenfassung ........ 57
E. Besteuerung Ausgabe, Einnahmen aus und Handel mit Token ........ 58
1. Überblick ........ 58
2. Besteuerung aus Sicht des emittierenden Unternehmens ........ 58
a) Ausgabe von Utility-Token ........ 58
b) Ausgabe von Currency-Token ........ 59
c) Ausgabe von Security-Token ........ 59
d) Gegenüberstellung ........ 59
3. Besteuerung aus Sicht des Investors ........ 60
a) Entgeltlich erworbene Utility-Token und Currency-Token ........ 60
b) Entgeltlich erworbene Security-Token ........ 60
4. Zusammenfassung ........ 63
F. Besteuerung von Airdrops ........ 65
1. Überblick ........ 65
2. Bestimmung der Einkunftsart ........ 65
a) Einkünfte aus Kapitalvermögen ........ 65
b) Sonstige Einkünfte ........ 65
c) Schenkung ........ 66
d) Privates Veräußerungsgeschäft ........ 66
3. Besteuerung ........ 67
4. Zusammenfassung ........ 67

G. Besteuerung von Lending . . . 68
1. Überblick . . . 68
2. Bestimmung der Einkunftsart . . . 68
a) Lending als Einkünfte aus Kapitalvermögen? . . . 68
b) Lending als sonstige Einkünfte? . . . 68
3. Besteuerung . . . 68
a) Einkünfte aus der Veräußerung der erhaltenen Coins? . . . 69
b) Verlängerung der Haltefrist auf 10 Jahre? . . . 69
4. Zusammenfassung . . . 70
H. Besteuerung von Lohnzahlungen in Kryptowährungen . . . 70
1. Überblick . . . 70
2. Bestimmung der Einkunftsart . . . 71
3. Besteuerung . . . 71
a) Gilt die Sachbezugsfreigrenze von monatlich 44 €? . . . 71
b) Gilt der Rabattfreibetrag von jährlich 1.080 €? . . . 72
c) Welcher Wert in € ist als Einnahme anzusetzen? . . . 73
d) Verkauf der erhaltenen Kryptowährungen durch den Arbeitnehmer? . . . 73
4. Zusammenfassung . . . 74

**VI. Wie finde ich einen guten Steuerberater?** . . . 75

**VII. Exklusiv: Die 10 besten Steuergestaltungen vor und nach dem nächsten Bitcoin-Run** . . . 77

**2. Abschnitt: Bilanzierung** . . . 81

**I. Einführung in die Bilanzierung** . . . 81
A. Grundlegendes zur Bilanzierung . . . 81
B. Ansatz . . . 83
C. Ausweis . . . 84
D. Bewertung . . . 85
F. Angaben im Anhang . . . 87
G. Angaben im Lagebericht . . . 87

**II. Bilanzierung von Investment-Token** . . . . . 89
A. Ansatz . . . . . 89
B. Bilanzausweis . . . . . 89
C. Erstbewertung . . . . . 91
D. Folgebewertung . . . . . 91

**III. Bilanzierung von Utility-Token** . . . . . 93
A. Ansatz . . . . . 93
B. Ausweis . . . . . 93
C. Erstbewertung . . . . . 94
D. Folgebewertung . . . . . 95

**IV. Bilanzierung von Currency-Token** . . . . . 96
A. Ansatz . . . . . 96
B. Ausweis . . . . . 96
C. Erstbewertung . . . . . 96
D. Folgebewertung . . . . . 97

**Stichwortverzeichnis** . . . . . 99

# Abkürzungsverzeichnis

| | |
|---|---|
| **Abs.** | Absatz |
| AO | Abgabenordnung |
| **BaFin** | Bundesanstalt für Finanzdienstleistungsaufsicht |
| BFH | Bundesfinanzhof |
| BMF | Bundesministerium für Finanzen |
| BSDEX | Börse Stuttgart Digital Exchange |
| BStBl | Bundessteuerblatt |
| BTC | Bitcoin |
| bzw. | beziehungsweise |
| **DBA** | Doppelbesteuerungsabkommen |
| **ErbStG** | Erbschaftsteuer- und Schenkungsteuergesetz |
| EStG | Einkommensteuergesetz |
| ETH | Ethereum |
| **FG** | Finanzgericht |
| FiFo | First in First Out |
| FinMin | Finanzministerium |
| **GewO** | Gewerbeordnung |
| GewStG | Gewerbesteuergesetz |
| GmbH | Gesellschaft mit beschränkter Haftung |
| GuV | Gewinn- und Verlustrechnung |
| **HGB** | Handelsgesetzbuch |
| **KG** | Kommanditgesellschaft |
| KStG | Körperschaftsteuergesetz |
| KWG | Kreditwesengesetz |
| **LiFo** | Last in First out |
| LStH | Lohnsteuer-Hinweise |

| | |
|---|---|
| **OFD** | Oberfinanzdirektion |
| OHG | Offene Handelsgesellschaft |
| **S.** | Satz/Seite |
| sog. | sogennante/r/n |
| **u.a.** | unter anderem |
| **WpHG** | Wertpapierhandelsgesetz |
| **z.B.** | zum Beispiel |

# I. Geschichte der Kryptowährungen

Wer sich mit dem Thema Kryptowährungen und Co. beschäftigt, sollte unbedingt auch etwas von der Entstehungsgeschichte gelesen haben. Viele Krypto-User scheinen das Thema als Möglichkeit wahrzunehmen schnell und einfach reich zu werden. Was sicherlich auch durch den Bitcoin-Run im Dezember 2017 sowie die mediale Aufmerksamkeit begünstigt ist. Allerding ist das nicht der Zweck, für den Kryptowährungen wie wir sie heute kennen, geschaffen wurden.

Am 18. August 2008 wurde die Domain bitcoin.org registriert. Am 31. Oktober 2008 veröffentlichte eine Person namens Satoshi Nakamoto einen Artikel auf der Mailing List für Kryptographie das Bitcoin Whitepaper „A Peer-to-Peer Electronic Cash System".

Das Whitepaper zeigte eine technische Lösung, die online sichere Finanztransaktionen ermöglicht, ohne dass dabei ein Zahlungsdienstleister, wie z.B. eine Bank, zwischengeschaltet werden muss.

Am 3. Januar 2009 wurde schließlich das Bitcoin-Netzwerk geschaffen, indem die ersten 50 Bitcoin auf der Blockchain gemined wurden (Genesis Block).

Der erste Empfänger von Bitcoin war Hal Finney. Er erhielt 10 Bitcoins von Satoshi Nakamoto in der weltweit ersten Bitcoin-Transaktion am 12. Januar 2009.

Bisher wurde nicht bekannt, ob es sich bei Satoshi Nakamoto um den Namen einer real existierenden Person, ein Pseudonym oder eine Gruppe von Personen handelt.

Bereits vorher gab es Versuche digitales Bargeld zu erschaffen. Insofern könnte man geschichtlich noch weiter in die Vergangenheit eintauchen. In diesem Buch soll es jedoch nur um die Entwicklung ab dem Jahr 2008 gehen.

Aber um was ging es dem oder den Gründern überhaupt? Das lässt sich am besten dem folgenden Zitat entnehmen, welches ins Deutsche übersetzt wurde:

> *„Das Kernproblem konventioneller Währungen ist das Ausmaß an Vertrauen, das nötig ist, damit sie funktionieren. Der Zentralbank muss vertraut werden, dass sie die Währung nicht entwertet, doch die Geschichte des Fiatgeldes ist voll von Verrat an diesem Vertrauen. Banken muss vertraut werden, dass sie unser Geld aufbewahren und es elektronisch transferieren, doch sie verleihen es in Wellen von Kreditblasen mit einem kleinen Bruchteil an Deckung. Wir müssen den Banken unsere Privatsphäre anvertrauen, vertrauen, dass sie Identitätsdieben nicht die Möglichkeit geben, unsere Konten leerzuräumen. Ihre massiven Zusatzkosten machen Micropayments unmöglich. Eine Generation früher hatten Nutzer von Time-Sharing-Computersystemen ein*

*ähnliches Problem. Vor dem Aufkommen von starker Verschlüsselung mussten die User sich auf Passwortschutz für ihre Daten verlassen und dem Systemadministrator vertrauen, dass dieser ihre Informationen vertraulich hielt. Diese Privatsphäre konnte jederzeit aufgehoben werden, wenn der Administrator zu dem Schluss kam, dass sie weniger wog als andere Belange, oder auf Anweisung seiner Vorgesetzten. Dann aber wurde starke Verschlüsselung für die Masse der Nutzer verfügbar, und Vertrauen war nicht länger nötig. Daten konnten auf eine Weise gesichert werden, die einen Zugriff durch Dritte – egal aus welchem Grund, egal mit wie guten Entschuldigungen, egal was sonst – unmöglich machten. Es ist Zeit, dass wir dasselbe mit Geld machen. Mit einer elektronischen Währung, die auf einem kryptografischen Beweis beruht und kein Vertrauen in Mittelsmänner benötigt, ist Geld sicher und kann mühelos transferiert werden.*

*– Satoshi Nakamoto“*[1]

Bitcoins hatten zu Beginn keinen bezifferbaren Wert. Der erste Wechselkurs für Bitcoin lag bei 0,08 Dollar-Cent und wurde auf Basis der Produktionskosten für das Mining kalkuliert. 2010 wurden die ersten Wechselkurse in den Bitcointalk-Foren ausgehandelt. Am 22. Mai 2010 fand die erste echte Transaktion im Sinne eines Kaufes statt. Es wurden 2 Pizzen gegen 10.000 Bitcoin gehandelt.

Der Kurs bewegte sich bis Ende 2011 meistens nur im einstelligen Bereich und unterlag von Anfang an starken Schwankungen, was bis heute anhält.

Ab dem Jahr 2012 setzte ein Aufwärtstrend ein, der sich 2013 immer weiter verstärkte. Mitte April 2013 lag der Kurs bei über 200 US-Dollar. Am 30. November 2013 überschritt der Bitcoin erstmals die 1.000-US-Dollar-Marke. Er sank dann aber bis zu Beginn des Jahres 2015 auf unter 250 US-Dollar. Erst ab Oktober 2015 konnte wieder ein Aufwärtstrend verzeichnet werden. Im Jahr 2017 verzeichnete der Bitcoin bislang den höchsten Kursanstieg. Am 17. Dezember 2017 stand der Bitcoin bei rund 20.000 US-Dollar. Die Blase platzte aber noch vor Jahresende und das Jahr 2017 endete mit einem Kurswert von ca. 14.000 US-Dollar.

2018 ging es weiter abwärts und der Kurs sank bis Dezember 2018 auf ca. 3.200 US-Dollar. Anfang April 2019 setzte eine Erholung ein und hob den Bitcoin im Juni 2019 wieder über die Marke von 10.000 US-Dollar. Auf dem Höchststand von rd. 13.000 US-Dollar machte der Bitcoin wieder eine Kehrtwende und notiert Ende 2019 bei knapp 7.000 US-Dollar.

Aber die Entwicklung der Kryptowährungen wird nicht allein durch die Geschichte des Bitcoins beschrieben, auch wenn Bitcoin wohl sicherlich als Mutter aller Krypto-

1 Wikipedia zum Stichpunkt „Bitcoin“ (abgerufen am 31.12.2019).

währungen gilt. Nach Einführung des Bitcoins dauerte es zwei weitere Jahre, bis eine weitere Kryptowährung (Litecoin) entwickelt wurde. Insgesamt gab es bis 2014 nicht mehr als zehn digitale Währungen. Die Entwicklung weiterer Währungen begann erst langsam, ab dem Jahre 2015. Mittlerweile gibt es eine unüberschaubare Anzahl von mehreren hundert Kryptowährungen. Ob diese alle ihre Daseinsberechtigung haben steht allerdings auf einem anderen Blatt.

Eine der wichtigsten News 2019 im Krypto Bereich war wohl die Ankündigung von Facebook bzw. der Libra Association eine eigene Kryptowährung namens Libra an den Start zu bringen. Jedem war wohl klar, dass Libra mit den bestehenden Fiatwährungen konkurrieren würde und setzte Staaten weltweit unter Druck, eigene staatliche zentralisierte Kryptowährungen zu entwickeln. Bis zum Redaktionsschluss für dieses Buch ist immer noch nicht klar, ob Libra tatsächlich kommen wird. Die Staaten werden die Hürden dafür wohl ziemlich hoch setzen wollen. China zog nach und verkündete, bereits 2020 eine eigene staatliche Kryptowährung auf den Markt zu bringen. Die EU verkündete ähnliche Pläne.

Insgesamt tritt das Thema Kryptowährungen immer weiter die Öffentlichkeit. Ich erwarte eine immens spannendes und ereignisreiches Jahr 2020. Eines der entscheidendsten Kryptoereignisse des Jahres 2020 wird sicherlich das Bitcoin Halving rund um den 15. Mai 2020 sein.

# II. Definitionen

Wer sich zum ersten Mal mit dem Thema Kryptowährungen beschäftigt, wird zwangsläufig auf sehr viele Ausdrücke stoßen, welche einer Erläuterung bedürfen, um ein Verständnis für das Krypto-Ökosystem zu bekommen. Diese Begrifflichkeiten sind aber nicht nur wichtig für das technische Verständnis, sondern auch die unmittelbar damit zusammenhänge Einordnung in das bestehende Steuersystem.

Dies wird umso mehr deutlich, als sich auch die Finanzverwaltung offensichtlich mit dem Thema noch nicht final auseinandergesetzt hat und ebenso wie Steuerpflichtige und Steuerberater erstmal Kompetenzen in diesem Bereich aufbauen müssen. Beispielhaft spricht die OFD Nordrhein-Westfalen in Ihrer Kurzinformation vom 20.04.2018[2] ganz allgemein von der steuerlichen Behandlung von Mining. Allerdings hätte man hier, um präzise zu sein und die richtigen steuerlichen Konsequenzen ziehen zu können, zwischen dem „block reward" und den erhaltenen Transaktionsgebühren unterscheiden müssen.

Im Folgenden werden daher die wichtigsten Begriffe aus dem Krypto-Ökosystem aufgegriffen und erläutert. Im Laufe der Lektüre des Buches kann immer wieder hierauf zurückgegriffen werden.

## A. Airdrops

Bei Airdrops handelt es sich um Coins, welche Nutzern von Wallets zufließen, ohne dass hierfür eine Zahlung geleistet werden muss. In der Regel werden Airdrops dazu genutzt, um Krypto- oder Blockchain-Projekte bekannt zu machen. Meistens werden als Bezugsgröße andere Coins zu Grunde gelegt, um zu ermitteln wieviel Airdrop-Coins der jeweilige Nutzer erhalten soll. Dabei kann eine Zeitperiode oder ein bestimmter Zeitpunkt gemessen werden.

Ähnliches findet man in der realen Welt z.B. bei der Kapitalerhöhung von Aktiengesellschaften. Hier hat man aufgrund des bestehenden Aktienanteils ein sog. Bezugsrecht. Beispielsweise bekommt man bei einem Umtauschverhältnis von 1:3, wenn man den Bitcoin als Bezugsgröße nimmt für jeden Bitcoin in seiner Wallet drei Airdrop-Coins kostenlos zugewiesen.

Eine Airdrop-Aktion hat aber nicht nur aus Marketinggesichtspunkten Vorteile. Man kann Airdrops auch dazu nutzen, um seine Coins in kurzer Zeit zu dezentralisieren.

Im Gegensatz zu den eben genannten Airdrops, welche sozusagen automatisch ablaufen, haben sich mittlerweile in der Praxis jedoch auch manuelle Airdrops entwickelt.

2 OFD Nordrhein-Westfalen vom 20.04.2018, Kurzinformation ESt Nr. 04/2018.

Bei diesen muss man selbst aktiv werden, um die Coins zu erhalten. Der Coin ist also nicht mehr wirklich geschenkt, da man dafür in irgendeiner Form eine Leistung erbringen muss, z.B. mit Likes, Shares, Tweets und was es sonst noch für Möglichkeiten im Bereich der sozialen Medien gibt.

## B. Blockchain

Die Blockchain ist eine dezentrale Datenbankstruktur, welche Transaktionen transparent verzeichnet. Sie ist die Grundlage vieler Kryptowährungen. Die Blockchain ist gekennzeichnet durch:

- Dezentralität,
- Unveränderlichkeit und
- Transparenz.

Aufgrund der Dezentralität der Blockchain wird auch von einer Distributed Ledger Technology gesprochen.

Sie ist im Prinzip ein offen einsehbares Buch, in welchem alle je getätigten Transaktionen transparent niedergeschrieben sind. Dieses Buch wird jedoch nicht zentral abgelegt, sondern auf vielen verschiedenen Computern gespeichert (Nodes bzw. Full-Nodes) und ständig aktualisiert.

Eine Verwaltung durch eine zentrale Autorität wie z.B. eine Regierung oder Bank ist nicht notwendig. Das bedeutet gleichzeitig, dass man für sein eigenes „Bankkonto" verantwortlich und die Private Keys selbst verwalten und sichern muss. Daraus resultiert auch der in der Krypto-Welt gängige Ausspruch „Not your key, not your coin".

Bildlich kann man sich die Blockchain als eine Kette von Blöcken vorstellen. Die Transaktionen werden zu Blöcken zusammengefasst, auf Gültigkeit überprüft und in einem vorgegebenen Prozess (z.B. Proof Of Work oder Proof Of Stake) an die bisherige Kette von Blöcken angehängt.

Die Anwendungsmöglichkeiten für die Blockchain sind jedoch nicht auf die Verwaltung von Finanztransaktionen beschränkt. Es lassen sich zum Beispiel sogenannte Smart Contracts auf einer Blockchain ablegen, mit denen verschiedene Anwendungen automatisiert abgewickelt werden können. Dies ist z.B. der Anwendungsbereich der Ethereum-Blockchain.

Außerdem können z.B. sensible Daten, wie z.B. Gesundheitsdaten oder Eigentumsverhältnisse, wie zum Beispiel Aktien über eine Blockchain verwaltet werden, da eine Datenmanipulation aufgrund der Dezentralität ausgeschlossen ist.

## C. Double Spending

Nehmen wir ein übliches Tauschgeschäft an. Eine Partei gibt z.B. eine Ware hin und erhält im Gegenzug Geld dafür. Bei realem Geld wirft das keine größeren Probleme auf. Die Ware wie auch das Geld können die Tauschpartner nur einmal ausgeben.

Bei digitalem Geld ist die Sache jedoch nicht ganz so einfach und stellt die Nutzer vor ein Problem. Digitale Werte können leicht kopiert und damit doppelt ausgegeben werden. Den Vorgang bezeichnet man als Double Spending. Es mangelt an einer Kontrollinstanz, welche verhindert, dass so etwas passiert.

Vor dem Zeitalter der Kryptowährungen wurden digitale Geldeinheiten von zentralen Instanzen herausgegeben und man musste darauf vertrauen, dass die virtuellen Einheiten langfristig einen Wert hatten. Kryptowährungen sind jedoch dezentral.

Jede Transaktion wird in der Blockchain festgehalten und im gesamten Netzwerk gespeichert. Damit die Transaktion eines Nutzers als solche anerkannt wird, erfolgt eine Überprüfung.

An dieser Stelle nehmen die Full Nodes und Miner eine wichtige Rolle ein. Knotenpunkte, die die gesamte Blockchain speichern, können Transaktionen verifizieren. Miner bestätigen die Transaktionen, indem sie kryptografische Rechenaufgaben lösen. Als Gegenleistung erhalten sie eine bestimmte Anzahl von Coins (block reward). Allerdings gibt es auch andere Konsensusverfahren. Je mehr Bestätigungen eine Transaktion bekommt, desto sicherer ist sie. Double Spending ist durch diese Kontrolle grundsätzlich ausgeschlossen.

Theoretisch kann ein Double Spending nur funktionieren, wenn man die Blockchain durch eine sog. **51 %-Attacke** angreifen würde.

Dabei sichert sich ein Teilnehmer 51 % der Kontrolle im gesamten Netzwerk. Gerade bei der Bitcoin-Blockchain wäre dies angesichts der enorm breiten Aufstellung von Knotenpunkten ein teurer und aufwändiger Versuch und ist daher unwahrscheinlich. Außerdem würde nach Bekanntwerden einer solchen Manipulation sich der Wert des Bitcoin wohl stark nach unten korrigieren und der Angreifer riskiert seine eigene Einnahmequelle.

## D. Exchanges

Exchanges oder auch Kryptobörsen ermöglichen den Kauf und Verkauf von Coins, den Handel bzw. Tausch zwischen verschiedenen Kryptowährungen und den Austausch von Fiatgeld in Krypto und umgekehrt.

Kryptobörsen sind der Marktplatz auf dem sich letztlich durch Wirkung von Angebot und Nachfrage der Kurs der Währungen bestimmt.

Kryptobörsen unterscheiden sich zum Teil in verschiedenen Optionen und Funktionen. Einige sind für Händler gemacht, während andere für den schnellen Krypto-Fiat-Austausch geschaffen wurden.

Kryptobörsen sind im Prinzip vergleichbar mit den normalen Aktienbörsen. Verschiedene Börsen sind voneinander unabhängig, sodass sich der Preis auch unterschiedlich entwickeln kann. Aber auch die Handelsgebühren und die angebotenen Zahlungsmittel sind zum Teil höchst unterschiedlich.

## E. Forks

Die meisten Kryptowährungen, wie z.B. Bitcoin stellen Open-Source Projekte dar. Das bedeutet, dass der Code jedem frei zugänglich ist und auch angepasst werden kann. Jeder kann also dazu beitragen, sich künftig aktiv in die Fortentwicklung der jeweiligen Kryptowährung einzubringen. Allerdings war es bereits in der Vergangenheit insbesondere bei Bitcoin sehr häufig so, dass nicht die gesamte Gemeinschaft immer mit allen Veränderungen einverstanden war. In diesen Fällen besteht die Möglichkeit die ursprüngliche Blockchain zu forken (Fork = Gabelung).

Man unterscheidet zwei verschiedene Arten von Forks. Entweder erfolgt ein Soft- oder ein Hard-Fork. Bei einem **Soft-Fork** geht es eher um kleinere Änderungen des Blockchain-Codes. Man kann dies vergleichen mit einem Update einer Software. Es werden zwar Anpassungen vorgenommen, aber die alte und die neue Version sind trotzdem weiterhin kompatibel zueinander. Dabei wird die Blockchain normalerweise nicht aufgespalten.

Bei einem **Hard-Fork** handelt es sich hingegen nicht um ein simples Update, sondern es wird faktisch eine neue Software programmiert, welche nicht mehr zur alten Software kompatibel ist. Man muss sich entscheiden welcher Seite man folgt. Es kann also kein einheitlicher Konsensus mehr erzeugt werden. Als Beispiel für einen Hard-Fork sind bei Bitcoin z.B. die Abspaltung von Bitcoin Cash und bei Ethereum die Aufspaltung in Ethereum Classic und Ethereum zu nennen.

Bei einem Hard-Fork gabelt sich die Blockchain für die Zukunft und es gibt künftig zwei Stränge, welche sich unabhängig voneinander entwickeln können. Gleichwohl basiert die Vergangenheit beider Chains aber auf derselben Blockchain. Somit ist erstmal etwas merkwürdig, dass man mit seinem Private Key nicht nur den Coin auf der alten Chain kontrolliert, sondern auch den neuen auf der geforkten Chain, welchen man aufgrund der Abspaltung zugewiesen bekommt. Das bedeutet jedoch nicht, dass man durch den

Fork plötzlich sein Investment verdoppeln kann. Angebot und Nachfrage regulieren sich und – zumindest in der reinen Theorie – sind beide Coins zusammen genau so viel Wert wie vor dem Fork der Ursprüngliche alleine.

## F. ICO

Ein ICO (Initial Coin Offering) ist eine Methode zur Finanzierung von Unternehmen und insbesondere Start-Ups. Eine ICO ist in etwa vergleichbar mit der Ausgabe von Wertpapieren an einer Börse. Investoren erwerben die vom Unternehmen ausgegebenen Tokens und erhoffen sich eine Wertsteigerung. Dabei ist Vorsicht geboten, da ICOs in der Vergangenheit nicht zuletzt für betrügerische Aktivitäten genutzt wurden. Denn ICOs sind nicht reguliert (im Gegensatz dazu siehe STO). Man muss dem Unternehmen, in das man investiert sein Vertrauen schenken, dass dieses mit den Geldern genau das tut was es versprochen hat. Im Unterschied zu IPOs (Initial Public Offering) an einer Börse, wird bei ICOs in der Regel kein Eigentum am Unternehmen verschafft. Man hat also keine Gewinnbeteiligung am Unternehmen oder gar ein Stimmrecht. Im Prinzip handelt es sich um einen digital ausgegebenen Gutschein eines Unternehmens. Daher werden die Token als sog. Utility Token bezeichnet.

## G. IEO

Ein IEO (Initial Exchange Offering) ist ein Fundraising-Projekt, welches auf einer Exchange für Kryptowährungen stattfindet. Es handelt sich bei IEOs um ein ähnliches Modell wie bei ICOs. Start-ups geben Token heraus, Investoren können diese kaufen, wenn sie einen Mehrwert von dem Projekt erwarten und/oder sie erwarten, dass der Token in Zukunft gewinnbringend verkauft werden kann. Ein Gewinnversprechen ist dabei ausgeschlossen Gewinnversprechen dürfen die Start-ups nicht abgeben. Denn dann würde es sich um einen Security Token handeln. Diese gelten als offizielle Wertpapiere und unterliegen damit bestimmten regulatorische Auflagen (siehe Kapitel N. Security Token).

## H. Lending

Lending könnte man als Leihe übersetzen, was aber eigentlich nicht das wiedergibt was es eigentlich ist. Besser sollte man Lending zu Deutsch als Kreditvergabe bezeichnen. Denn beim Lending verleiht man seine Kryptowährungen an sogenannte Marging-Trader. Diese wetten mit den geliehenen Coins auf steigende oder fallende Kurse von Kryptowährungen. Ein solches Vorgehen ist als solches nicht neu und gibt es in Deutschland bereits seit 1990 unter dem Begriff der Wertpapierleihe.

Es geht darum, dass es den Tradern nicht ausreichend ist, dass sie mit ihren eigenen Coins handeln. Daher „leihen" sie sich zusätzlich zum eigenen Kapital fremde Coins zu vorher festgelegten Zinsen. Der Trader kann damit seinen angestrebten Gewinn mithilfe der geliehenen Coins vergrößern. Das lohnt sich, wenn der Gewinn größer ist, als er an Zinsen zahlen muss. Allerdings trägt er auch das Risiko des Totalverlusts.

Sog. automatisierte Safeguards der Kryptobörsen sollen verhindern, dass sich ein Risiko, dass der Händler den Kryptokredit nicht mehr zurückzahlen kann mindert. Allerdings ist das Risiko nicht zu 100 % ausgeschlossen. Insbesondere, wenn die Kryptobörse selbst nicht mehr zahlen kann und vom Netz geht, hilft auch ein Safeguard nicht mehr. Außerdem ist darauf hinzuweisen, dass während der Kreditvergabe die Coins zum eigenen Verkauf gesperrt sind. Das heißt auf negative Kursentwicklungen des Coins kann man nicht direkt reagieren.

Für die Abwicklung gibt es mittlerweile Lending-Bots, welche sich um alles kümmern und der Anleger z.B. nicht selbst danach schauen muss wo er den besten Zins bekommt.

## I. Mining

Der Begriff des Mining ist an die Tätigkeit des Schürfens von Gold angelehnt. Miner sind die Personen, welche Transaktionen von Nutzern überprüfen und verifizieren. Sie erzeugen mit ihrer Tätigkeit den sogenannten Konsensus über das was passiert ist. In Abgrenzung dazu stehen die User, welche die Transaktionen z.B. Kauf und Verkauf von Coins durchführen und die Nodes bzw. Full-Nodes, welche die Transaktionen im Netzwerk verteilen, damit die Dezentralität gewährleistet ist.

Die beiden wichtigsten Methoden, wie die Miner Konsensus erzeugen können, nennen sich:

**a)** Proof Of Work,
**b)** Proof Of Stake,

Der Konsensus über **Proof Of Work** wird derzeit von den meisten Kryptowährungen genutzt. Bei dieser Art des Konsensus geht es darum zu zeigen, dass man Arbeit (Work) geleistet hat und bekommt dafür eine Belohnung. Derjenige Miner, welche als erstes die Arbeit erledigt hat darf den nächsten Block an die Blockchain anhängen und bekommt dafür die Transaktionsgebühren der User, deren Transaktionen mit diesem Block bestätigt wurden. Außerdem bekommt der Miner den sogenannten Block Reward.

Den Block Reward kann man sich wie eine Ausschüttung der Blockchain vorstellen. Z.B. Bekommt jeder Miner der Bitcoin-Blockchain aktuell (Stand März 2020) 12,5 Bitcoin für jeden gefundenen Block. Ab ca. Mai 2020 nach dem Halving allerdings nur noch 6,25 Bitcoin.

Bei dieser Arbeit handelt es sich um das Rechnen eines schwierigen kryptographischen Algorithmus.

Bei **Proof Of Stake** ist das Konzept der Konsensus-Findung anders. Im Prinzip geht es darum, wer mehr Coins eines Netzwerks besitzt hat gleichzeitig die höchste Bedeutung. Stellt man also eine bestimmte Anzahl seiner Coins zur Verfügung (Staking) und entspricht diese Menge angenommen 3 % der gestakten Coins so hat man 3 % der Stimmrechte und bekommt eine entsprechende Beteiligung an den ausgeschütteten Coins.

Diese Art der Konsensus-Findung ist in der Welt, in der Dezentralität im Vordergrund steht, gleichzeitig eine große Gefahr. Denn je höher der eigene Anteil der Stimmrechte ist, desto eher besteht die Gefahr, dass der jeweilige Coin zentral ist und Transaktionen manipuliert werden können.

## J. Mining Difficulty

Mining Difficulty bezeichnet die Schwierigkeit der kryptographischen Rechenleistung, welche erbracht werden muss um einen Belohnung zu erhalten.

Der Hintergrund ist einfach zu verstehen. Je mehr Rechner am Mining teilnehmen und/ oder je mehr Rechenleistung diese Rechner haben, desto schneller können Ergebnisse gefunden werden.

In den Codes der Kryptowährungen ist jedoch regelmäßig vorgegeben in welchen Abständen Blocks gefunden werden sollen. Bei Bitcoin z.B. alle 10 Minuten. Ist die Rechenleistung höher und werden Blocks schneller gefunden, so passt der Blockchain-Code die Schwierigkeit automatisch an, bis die Ergebnisse wieder alle 10 Minuten gefunden werden. Sinkt die Rechenleistung wird die Schwierigkeit herabgesetzt. Daher ist auch die Annahme falsch, dass z.B. Quantencomputer die Blockchain gefährden könnten.

## K. Private und Public Key

Der Public Key oder auch öffentlicher Schlüssel, ist in etwa mit der IBAN eines Bankkontos vergleichbar. Es handelt dabei um die öffentliche Adresse des Wallets, die man jemand mitteilen kann, der einem Kryptowährung übersenden möchte. Für den öffentlichen Schlüssel ist es also nicht notwendig diesen geheim zu halten. Er ist immer dann anzugeben, wenn eine Transaktion von Kryptowährungen stattfinden soll.

Der Private Key oder auch privater Schlüssel entspricht hingegen dem Passwort für den Zugang zu den Kryptowährungen. Nur mit dem Private Key hat man Zugriff auf diese. Verliert man den Private Key, so verliert man auch den Zugriff auf die Kryptowährungen. Der Private Key darf niemals offengelegt werden. Siehe zur Problematik der Verwahrung der Privat Keys Kapitel II. R. Wallets.

Es ist ein Leichtes aus dem Private Key den Public Key abzuleiten, jedoch nahezu unmöglich aus einem Public Key einen Private Key zu errechnen.

## L. Proof Of Stake

Siehe Kapitel II. I. Mining.

## M. Proof Of Work

Siehe Kapitel II. I. Mining.

## N. Security Token (STO) (siehe auch Kapitel II. Q. Token)

Ein STO (Security Token Offering) lässt sich am besten in Abgrenzung zum ICO erläutern. Security Token sind im Gegensatz zu den Utility- oder Currency-Token vollständige Wertanlagen. Es sind digitale Vermögenswerte auf der Basis einer Blockchain, die die Regularien der Wertpapieraufsicht (z.B. BaFin oder SEC) erfüllen müssen.

Im Gegensatz zu ICOs führt die Durchführung einer STO zur Entstehung von Eigen- oder Fremdkapital. Es geht dabei also nicht um die Nutzbarkeit auf der Plattform des Unternehmens, sondern um eine Finanzierung. Ein weiterer Unterschied besteht darin, dass die Anleger identifiziert sein müssen (KYC = Know Your Costumer).

Im Unterschied zu einem Börsengang, können die Tokens direkt beim Herausgeber gekauft werden. Ein Zwischenhändler, wie eine Bank, entfällt vollständig. Außerdem können STO viel schlanker umgesetzt werden, da es nicht notwendig ist eine Aktiengesellschaft zu gründen. Daher profitieren auch kleine und mittelständische Unternehmen von dieser Finanzierungsform.

## O. Seed

Ein Seed ist eine Folge von mehreren Wörtern, die entweder aus 12 oder 24 Wörtern besteht. Damit können deterministische Wallets den Private Key ableiten. Es wäre ein großer Aufwand, wollte man für seine vielen verschiedenen Kryptowährungen jeweils sämtliche Private Keys aufschreiben. Daher gibt es die sog. Seeds. Die Wallet kann alle

Private Keys aus einem Seed errechnen. Das ist z.B. auch wichtig, wenn man eine hard wallet nutzt und dieser mal verloren geht oder defekt ist. Dann kauft man sich einfach einen neuen und stellt diesen mittels Seed wieder mit allen Keys her.

## P. Smart Contracts

Smart Contracts oder zu Deutsch auch intelligente Verträge sind Verträge, die auf Computerprotokollen wie der Blockchain-Technologie basieren. Smart Contracts sind vergleichbar mit Verträgen in der realen Welt, wie beispielsweise beim Kauf und Verkauf eines Autos. Der Vorteil der Abwicklung über eine Blockchain-Technologie ist jedoch, dass weniger Transaktionskosten anfallen und die Abwicklung effizienter wird. Menschliche Fehlerquellen sind nahezu ausgeschlossen. Der bekannteste Anbieter solcher Smart Contracts ist aktuell die Ethereum-Plattform.

Smart Contracts führen sich bei entsprechendem Eintritt der Voraussetzungen selbst aus, wobei die Bedingungen des Eintritts zwischen Käufer und Verkäufer direkt in der Blockchain festgeschrieben werden. Die Transaktionen können zwischen verschiedenen anonymen Parteien durchgeführt werden. Außerdem entfällt die Notwendigkeit einer zentralen Behörde, eines Rechtssystems oder eines anderen externen Dienstleisters wie z.B. eine Bank oder ein Notar.

Das Konzept bietet aber nicht nur Vorteile. So kann z.B. der Programmcode fehlerhaft programmiert sein. Die einprogrammierten Verträge sind jedoch bei einer dezentralen Blockhain unveränderlich, weshalb Fehler im Nachhinein nicht mehr korrigiert werden können. Aufgrund eines solchen Fehlers kam es letztlich bei der Ethereum-Chain zu einem Hard Fork, weil sich nicht alle User darüber einig waren, ob ein auf einem Fehler basierenden Hack wieder ungeschehen gemacht werden sollte oder ob man den Hack einfach akzeptieren muss.

Außerdem ist eine häufige Fehlerquelle die Herkunft der Informationen, welche den Smart Contract auslösen sollen. Es muss im Prinzip sichergestellt werden, dass die eingespeisten Informationen objektiv richtig sind und nicht manipuliert wurden oder auslegungsfähig sind.

## Q. Token

Vielfach werden die Begriffe Coin und Token gleichbedeutend verwendet. Das ist jedoch so nicht richtig. Sowohl zivil- als auch steuerrechtlich muss hier aufgrund verschiedener Rechtsfolgen differenziert werden.

Der größte **Unterschied zwischen Coins und Tokens** ist:

- Coins werden durch Mining geschaffen, Tokens durch Ausgabe eines Unternehmens.

- Token nutzen meistens keine eigene Blockchain, sondern setzen auf einer bestehenden Blockchain auf und nutzen deren Technik.

Für die Tokens fehlt bislang an einer gesetzlichen Definition einzelner Arten. Im Sprachgebrauch haben sich allerdings heute mindestens 3 Token-Klassen herausgebildet. Die Currency-, Utility- und Security-Tokens. Zuweilen werden die Security-Tokens auch als Investment-Tokens bezeichnet. Meines Erachtens ist eine Einordnung und Untergliederung wie im folgenden Schaubild dargestellt die eingängigste.

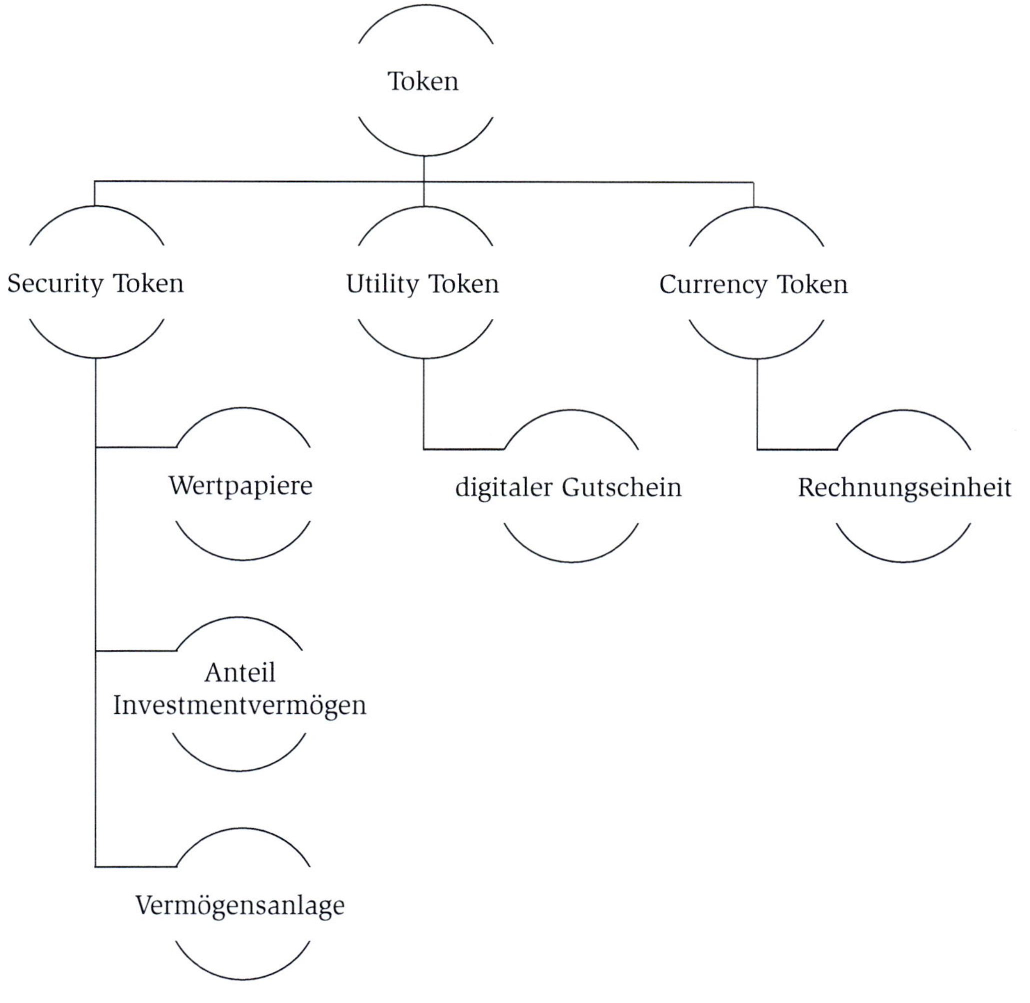


Für die Einordnung eines Tokens ist jedoch die bloße Bezeichnung unerheblich. Token können rechtlich unterschiedlich ausgestaltet sein. Daher müssen Token im Einzelfall betrachtet in eine der Token-Klassen eingeordnet werden. Das ist in manchen Fällen gar nicht so einfach, da die Token teilweise Merkmale verschiedener Kategorien beinhalten. In diesen Fällen ist abzuwägen welche Token-Klasse überwiegt.

Durch „No-action-letters“ kann man im Vorfeld prüfen lassen, welche rechtlichen Anforderungen der spezielle Token hat und sich dies durch die BaFin bestätigen lassen.

Die im obigen Schaubild dargestellten Token-Klassen sollen im folgenden beschrieben werden, um diese später einer steuerlichen Einordnung zuführen zu können.

### Security-Token

Bei einem Token, der die folgenden Voraussetzungen erfüllt, kann es sich um ein Wertpapier im Sinne von § 2 Abs. 1 WpHG handeln. Dann wird der Token als Security-Token bezeichnet:

1. Der Token muss übertragbar sein. Das heißt der Token muss mittels der Blockchain gehandelt werden können.
2. Der Token muss am Finanz- bzw. Kapitalmarkt handelbar sein. Das bedeutet, dass die BaFin einen Online-Marktplatz bzw. Exchange als Finanz- und Kapitalmarkt einstufen muss.
3. Der Token muss Rechte verkörpern. Er muss also ein Recht an einem Unternehmen gewähren.
4. Der Token darf nicht die Voraussetzungen eines Zahlungsinstruments erfüllen.

Die Prüfung, ob es sich um ein Wertpapier handelt, übernimmt die BaFin. Das hat verschiedene Konsequenzen zur Folge. Auf der Seite des Emittenten muss u.A. ein Wertpapierprospekt erstellt werden.

Ist der Token erst mal am Markt, so stellt sich die Frage, wo der Token gehandelt werden darf. Normale Exchanges scheiden aus, denn der Handel der Token bedarf einer vorherigen Erlaubnis durch die BaFin.

Das Unternehmen Bitbond erhielt mit seiner Schuldverschreibung von der BaFin im März 2019 als erstes die Genehmigung einen STO durchzuführen. Den ersten regulierten Krypto-Handelsplatz durfte die Börse Stuttgart mit der Digital Exchange BSDEX eröffnen.

### Utility-Token

Die BaFin veröffentlichte für Utility-Token folgende Beschreibung:

> *„Sie können nur im Netzwerk des Emittenten zum Bezug von Waren oder Dienstleistungen genutzt werden. Bei Utility-Token finden sich regelmäßig sehr komplexe*

*rechtliche Gestaltungen. Bei reinen Utility-Token (App-Token, Nutzungstoken, Verbrauchstoken) steht die alleinige Nutzung zum Bezug einer realwirtschaftlichen Dienstleistung im Vordergrund und nicht eine finanzielle Gegenleistung."*

Gleichzeitig gab die BaFin aufgrund der vielen möglichen Mischformen folgendes zu bedenken:

*„Kommt nämlich dem vermeintlichen Utility-Token im Rahmen des Angebots des Emittenten auch die Funktion eines Zahlungsmittels zu, ist eine Qualifizierung als Rechnungseinheit und damit Finanzinstrument nach KWG wieder naheliegend. Aus aufsichtsrechtlicher Sicht ist die Kategorie der Utility-Token das Ergebnis einer Negativabgrenzung zu den vorrangig zu prüfenden Kategorien der Zahlungstoken und der wertpapierähnlichen Token, die aufsichtsrechtliche Pflichten auslösen."*

Der Utility-Token wird demnach also negativ zu den wertpapierähnlichen Token (Security-Token) und den Zahlungstoken (Currency-Token) abgegrenzt und stellt in seiner Reinform eine Art digitaler Gutschein dar.

### Currency-Token

Currency-Token werden von der BaFin als Rechnungseinheit gemäß § 1 Abs. 11 S. 1 KWG eingeordnet. Was genau eine Rechnungseinheit ist, ist nicht gesetzlich definiert. Rechnungseinheiten sind jedoch keine gesetzlichen Zahlungsmittel.

Bei reinen Currency-Token entsteht in der Regel keine Erlaubnispflicht. Die BaFin hat sich jedoch ergänzend wie folgt geäußert:

*„Treten neben der Nutzung als Zahlungsmittel oder dem Mining von Zahlungstokens jedoch weitere Umstände hinzu, kann eine Erlaubnis der BaFin nötig werden – besonders dann, wenn ein Markt geschaffen wird, auf dem diese gehandelt werden können. Der gewerbsmäßige Rücktausch von Bitcoin in Euro steht grundsätzlich unter Erlaubnisvorbehalt nach § 32 Abs. 1 KWG."*

## R. Wallets

Ein Wallet ist quasi das Ebenbild der Geldbörse für Fiat-Geld, eben nur für die Aufbewahrung digitaler Währungen. In einer Wallet werden die privaten Schlüssel, die ein User benötigt, um Zugriff auf seine Kryptowährungen zu erhalten und Guthaben zu empfangen oder zu versenden, verwahrt. Dabei kann zwischen verschiedenen Arten von Wallets unterschieden werden:

- Desktop-Wallet,
- Mobile-Wallet,

- Online-Wallet,
- Hardware-Wallet,
- Paper-Wallet.

Aus technischer Sicht werden die Coins jedoch nicht im eigentlichen Sinne dort aufbewahrt. Vielmehr werden die digitalen Schlüssel (Keys) gespeichert, mit denen man auf eine öffentliche Bitcoin-Adresse zugreifen und eine Transaktion autorisieren kann. Denn der eigentliche Coin ist auf der Blockchain gespeichert. Nur derjenige, welcher im Besitz des privaten Schlüssels ist, kann die Zuordnung zu einem anderen User bzw. Key autorisieren.

Bei einer **Desktop-Wallet** erfolgt eine Installation der Wallet auf einem Rechner, was insbesondere die Mobilität und Komfortabilität sehr einschränkt. Denn eine Nutzung kann eben nur mittels Rechner erfolgen.

**Mobile-Wallets** lösen das Problem der Immobilität der Desktop-Wallets. Diese werden als App auf dem Smartphone installiert und speichern die privaten Schlüssel direkt auf dem mobilen Endgerät. Somit können mit dem Handy Kryptowährungen empfangen und versendet werden.

**Webbasierte Online-Wallets** verwahren die privaten Schlüssel wie der Name schon sagt online auf einem Server auf. Dieser wird von einem externen Anbieter verwaltet. Ein großer Vorteil ist die Verfügbarkeit. Man benötigt lediglich einen Internetzugang auf einem beliebigen Endgerät. Ein Nachteil von Online-Wallets hingegen ist, dass die Keys von externen Anbietern verwaltet werden. Entsprechend muss der User selbst entscheiden, ob der Anbieter bzw. seine Server ausreichend abgesichert sind. Zudem hat der externe Anbieter im Zweifel volle Kontrolle über die Bestände an Kryptowährungen der Nutzer. Gerade hier gilt der beliebte Spruch: „Not your key. Not your coin". In der Vergangenheit ist es bereits des Öfteren vorgekommen, das Online-Wallets gehakt und Kryptowährungen abgezogen wurden.

**Hardware-Wallets** bieten die Möglichkeit, die privaten Schlüssel elektronisch zu verwahren und Zahlungen zu tätigen und gelten aktuell als eine der sichersten Möglichkeiten seine Kryptowährungen aufzubewahren. Die privaten Schlüssel werden auf der Hardware-Wallet erzeugt und dort gespeichert. Diese verlassen jedoch nie die Hardware-Wallet selbst. Geht die Hardware-Wallet mal verloren oder wird diese zerstört kann jederzeit eine neue Hardware-Wallet besorgt und mittels Seed wieder der letzte Stand der zerstörten oder verlorenen Wallet hergestellt werden.

Ebenfalls eine sehr sichere Methode ist die Speicherung seiner Coins auf einer **Paper-Wallet**. Wie der Name schon sagt werden die privaten Schlüssel auf Papier erfasst. Es gibt viele verschiedene Anbieter für Paper-Wallets, die z.B. eine Bitcoin-Adresse für die Nutzer erstellen.

Aber auch hier ist Vorsicht geboten. Bereits das generieren der Wallet-Adresse sollte nicht online erfolgen, sondern nur offline. Denn ist der private Schlüssel erst einmal online verfügbar, ist dieser potenziell gefährdet. Den generierten Schlüssel sollte man dann, am besten mit Bleistift (nur dieser kann nicht verblassen), auf ein Stück Papier schreiben und dieses wichtige Papier an einem sicheren Ort verwahren. Natürlich ist zu bedenken, dass eine Paper-Wallet auch z.B. durch einen Brand zerstört werden kann. Wird von einer Paper-Wallet einmal etwas wegübertragen, so ist der Schlüssel zum Signieren einmal online einzutragen und sollte dann nicht mehr verwendet werden. Es muss ein neuer Schlüssel generiert werden. Faktisch ist die Paper-Wallet bei richtiger Handhabung sehr sicher, aber auch sehr unkomfortabel.

# 1. Abschnitt: Besteuerung

## I. Grundsätzliches

Privatpersonen mit Wohnsitz oder gewöhnlichem Aufenthalt in Deutschland unterliegen mit ihrem gesamten Welteinkommen der unbeschränkten Steuerpflicht in Deutschland[3]. Das bedeutet somit faktisch, dass auch im Ausland erzielte Einkünfte der deutschen Besteuerung zu unterwerfen sind. Bezogen auf Kryptogeschäfte werden damit auch auf ausländischen Börsen erzielte Einkünfte erfasst (Welteinkommensprinzip).

Knüpft auch das ausländische Steuerrecht an dort erzielte Einkünfte an, so kann es zu einer Doppelbesteuerung kommen. Mit sehr vielen Ländern hat Deutschland jedoch ein Doppelbesteuerungsabkommen abgeschlossen. In diesen Abkommen wird zwischen den Ländern geregelt, für welche Einkünfte aus welchem Land das jeweilige Besteuerungsrecht zugewiesen wird. Das andere Land stellt dann die Einkünfte entweder komplett frei oder rechnet die ausländische Steuer auf die jeweilige eigene Steuer an.

Eine aktuelle Liste zum Stand der Doppelbesteuerungsabkommen und anderer Abkommen im Steuerbereich sowie der Abkommensverhandlungen am 1. Januar 2020 lässt sich im Internet downloaden[4].

Das Problem der Doppelbesteuerung kann aber auch Personen treffen, welche in zwei Staaten einen Wohnsitz haben. Dann wird es komplizierter, da es in diesen Fällen in der Regel auf die Bestimmung des Mittelpunktes des Lebensinteresses, den gewöhnlichen Aufenthalt oder die Staatsangehörigkeit ankommt. In diesen Fällen sollte ein steuerlicher Berater hinzugezogen werden. Eine ausführliche Darstellung ist an dieser Stelle – auch wegen der Verschiedenartigkeit der einzelnen Abkommen – nicht möglich. Dies gilt auch, wenn z.B. mit einem Land gar kein Abkommen abgeschlossen wurde.

Vor diesem Hintergrund unterliegen grundsätzlich auch alle Einkünfte aus Kryptogeschäften der deutschen Besteuerung. Allerdings ist es nicht ausreichend, dass irgendwelche Einkünfte der Besteuerung unterliegen, vielmehr muss es im nationalen Recht eine Besteuerungsnorm geben, welcher die Einkünfte zugeordnet werden können.

Obwohl das Thema Handel mit Kryptowährungen bereits seit der Einführung von Bitcoin besteht (2009), hat der Gesetzgeber bis heute keine konkrete Besteuerungsgrundlage für die einzelnen Einkünfte rund um Kryptowährungen geschaffen. Stattdessen bemüht man bestehende Gesetze, welche analog für solche Einkünfte anzuwenden sein

---

3 § 1 Abs. 1 S. 1 EStG.

4 https://www.bundesfinanzministerium.de/Content/DE/Downloads/BMF_Schreiben/Internationales_Steuerrecht/Allgemeine_Informationen/2020-01-15-stand-DBA-1-januar-2020.pdf?__blob = publicationFile&v = 2 (abgerufen am 27.02.2020.

sollen. Allerdings hatte man in der Gesetzgebungsphase sicherlich nicht die Besonderheiten von Kryptogeschäften vor Augen und es fehlt an der ein oder anderen Stelle an einer vielleicht wünschenswerten Regelung. Dies führt zwangsläufig zu Unsicherheiten in der Gesetzesanwendung und auch dazu, dass sich möglicherweise die Finanzgerichte schon sehr bald mit vielen Dingen beschäftigen müssen, um für Klarheit zu sorgen.

Auch die Finanzverwaltung hält sich bislang mit weiteren Konkretisierungen noch zurück.

Die aktuelle Rechtslage soll im Folgenden aufgezeigt werden. Dabei gelten die Ausführungen für den Fall der unbeschränkten Steuerpflicht in Deutschland. Die Ausführungen sind nicht als abschließend zu betrachten, da sich auch die Geschäftsmodelle im Bereich der Kryptogeschäfte stets weiterentwickeln und deren steuerliche Beurteilung erfolgen muss.

# II. Steuerarten

Im deutschen Steuerrecht ist stets zwischen den verschiedenen Steuerarten zu unterscheiden, um zum richtigen Besteuerungsergebnis zu kommen. Der gleiche Sachverhalt kann in unterschiedlichen Steuerarten auch unterschiedlich oder auch unabhängig voneinander zu beurteilen sein. In Bezug auf Kryptogeschäfte beschäftigen wir uns im Folgenden mit den wichtigsten Steuerarten, der Einkommensteuer, Körperschaftsteuer, Gewerbesteuer, Umsatzsteuer und Erbschaftsteuer.

Die Ausführungen können aufgrund der Komplexität des Steuerrechts keinen Anspruch darauf erheben vollständig oder pauschal für jeden Fall richtig zu sein. Es geht immer um die Beurteilung im Einzelfall. Die Darstellungen sind jedoch dazu geeignet, um einen sicheren Überblick zu erhalten, welcher Besteuerung man unterliegt. Manchmal ist es auch schon ausreichend, für steuerlich relevante Sachverhalte sensibel zu sein, um dann die richtigen Fragen zu stellen. Steuerberater oder andere Personen, welche sich bereits mit steuerlichen Themen sehr gut auskennen, können den nächsten Teil großzügig überspringen und direkt zum Kapitel mit der Beurteilung der einzelnen Tätigkeiten übergehen.

## A. Einkommensteuer und Körperschaftsteuer

Das Einkommensteuergesetz sieht insgesamt sieben Einkunftsarten vor, die voneinander abzugrenzen sind:

1. Einkünfte aus Land- und Forstwirtschaft,
2. Einkünfte aus Gewerbebetrieb,
3. Einkünfte aus selbständiger Tätigkeit,
4. Einkünfte aus nichtselbständiger Arbeit,
5. Einkünfte aus Vermietung und Verpachtung,
6. Einkünfte aus Kapitalvermögen,
7. Sonstige Einkünfte.

Jeder dieser Einkunftsarten hat verschiedene Voraussetzungen (Tatbestandsmerkmale) und Rechtsfolgen. Da aufgrund verschiedenartiger Einkünfte im Kryptobereich keine pauschale Einordnung erfolgen kann, muss dies je Betätigung erfolgen.

Der Einkommensteuertarif ist progressiv aufgebaut. Das bedeutet, dass sich die Höhe des Einkommensteuersatzes mit ansteigenden Einkünften auch erhöht. In der Spitze kann sich der Steuersatz auf 45 % belaufen. Hinzu kommt noch der Solidaritätszuschlag (5,5 %) sowie bei Mitgliedschaft in einer Kirche auch die Kirchensteuer (Höhe je nach Bundesland). Bereits heute ist bekannt, dass der Solidaritätszuschlag zumindest teilweise abgeschafft werden wird.

Der Einkommensteuertarif beginnt zunächst mit einer Nullzone, dem Grundfreibetrag. Das bedeutet: Vom Einkommen bleiben bei Alleinstehenden im Jahr 2020 die ersten 9.408 €, bei Eheleuten 18.816 € steuerfrei.

Ab einem Einkommen von 9.409 € steigt der Grenzsteuersatz stetig. Er wächst von 14 % auf 42 %.

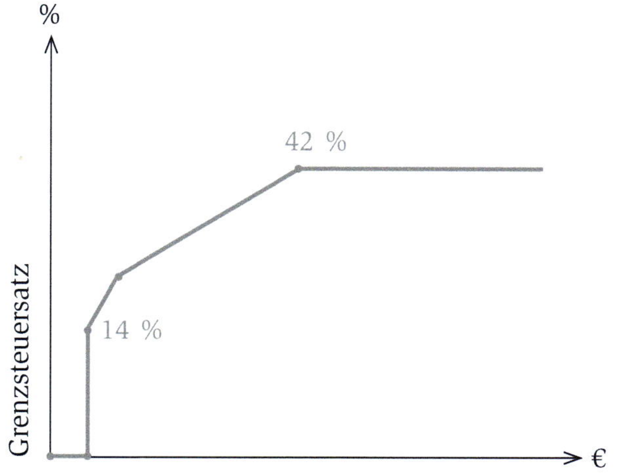


Werden die Einkünfte im Rahmen von Kapitalgesellschaften (z.B. GmbH) erzielt, so ist das Körperschaftsteuergesetz einschlägig. In vielen Punkten verweist das Körperschaftsteuergesetz auf das Einkommensteuergesetz und ergänzt dies um eigene Regelungen. Auch bei der Körperschaftsteuer entsteht daneben zusätzlich (zumindest zum Zeitpunkt der Veröffentlichung dieser Auflage) noch ein Solidaritätszuschlag.

Der Körperschaftsteuertarif ist nicht progressiv, sondern liegt gleichbleibend bei 15 %.

## B. Gewerbesteuer

Kommt man bei der Art der Betätigung im Kryptobereich zum Schluss, dass diese gewerblich ausgeführt wird, so unterliegen die Einkünfte zusätzlich zur Einkommensteuer der Gewerbesteuer. Bei Einkünften im Rahmen von Kapitalgesellschaften entsteht die Gewerbesteuer schon aufgrund der Rechtsform.

Wie hoch die Gewerbesteuer ist, liegt unter anderem daran, wo man sein Gewerbe ausübt. Jede Gemeinde hat ihren eigenen Hebesatz. Im Gewerbesteuergesetz ist es geregelt, dass auf den Gewerbeertrag nach Abzug eines Freibetrags (24.500 €) eine

5 Quelle: www.bundesfinanzministerium.de.

Messzahl von aktuell 3,5 % anzuwenden ist. Der daraus resultierende Gewerbesteuermessbetrag ist dann mit dem Hebesatz der jeweiligen Gemeinde zu multiplizieren.

Die Gewerbesteuer wird zur Entlastung bei Privatpersonen auf die Einkommensteuer angerechnet. Die Anrechnung beträgt derzeit das 3,8-fache des Gewerbesteuermessbetrags. Maximal kann jedoch die tatsächlich gezahlte Gewerbesteuer angerechnet werden.

**Beispiel:**

Es wurden gewerbesteuerpflichtige Gewinne aus Kryptogeschäften als Privatperson in Höhe von 50.000,00 € erzielt. Der Hebesatz der Gemeinde beträgt 400 %.

Die Gewerbesteuer beträgt 3.570,00 € und kann in Höhe von 3.391,50 € auf die Einkommensteuer angerechnet werden. Die Berechnung sieht wie folgt aus:

| | |
|---|---|
| Gewerbeertrag: | 50.000,00 € |
| abzüglich Freibetrag: | 24.500,00 € |
| Zwischenergebnis | 25.500,00 € |
| x Steuermesszahl 3,5 % | 892,50 € |
| x Hebesatz der Gemeinde 400 % | 3.570,00 € |
| **Anrechnung auf Einkommensteuer** | |
| Steuermessbetrag | 892,50 € |
| x 3,8 | 3.391,50 € |

**Steuertipp!**

Aus dem o.g. Beispiel ergibt sich, dass die Gewerbesteuer nicht zu 100 % auf die Einkommensteuer angerechnet wird. Zu einer vollen Anrechnung kommt es nur in Gemeinden, in denen der Hebesatz bei 390 % oder geringer liegt. Hat man also gewerbliche Einkünfte, lohnt es sich auch darüber nachzudenken in welcher Gemeinde man seine gewerbliche Tätigkeit ausübt.

## C. Umsatzsteuer

Ausgehend von einem Urteil des europäischen Gerichtshofs (EuGH) hat sich das Bundesministerium für Finanzen (BMF) in einem Schreiben vom 22.10.2015 zur Thematik Umsatzsteuer und Kryptogeschäfte geäußert.

Danach kommt die Finanzverwaltung zu folgenden Feststellungen:

- Der Umtausch von konventionellen Währungen in Bitcoin und umgekehrt sei eine zwar steuerbare sonstige Leistung, welche aber im Rahmen einer richtlinienkonformen Gesetzesauslegung umsatzsteuerfrei sei.
- Die Hingabe von Bitcoin zur bloßen Entgeltentrichtung ist nicht steuerbar.
- Die Transaktionsgebühr, welche Miner von anderen Nutzern erhalten, wird freiwillig gezahlt und steht in keinem unmittelbaren Zusammenhang mit einer Leistung und ist daher nicht steuerbar.
- Auch die Entlohnung in Form des Erhalts neuer Bitcoin ist nicht als Entgelt anzusehen.
- Die entgeltliche Zurverfügungstellung von Wallets ist steuerbar und steuerpflichtig, wenn der Leistungsort im Inland liegt.
- Der Betreiber einer Handelsplattform erbringt eine steuerbare und steuerpflichtige Leistung für die Zurverfügungstellung der technischen Plattform. Tritt er als Mittelsperson für den Verkauf auf, so kommt eine Steuerbefreiung in Betracht.

# D. Erbschaftsteuer

Bei den vorherigen Steuerarten ging es um die Beurteilung der Besteuerung beim Handel mit Kryptowährungen, während es bei der Erbschaftsteuer um unentgeltliche Vorgänge im Rahmen von Schenkungen oder Erbfällen geht.

## Kryptowährungen im Privatvermögen

Die Schenkung oder Vererbung von im Privatvermögen gehaltenen Kryptowährungen ist unproblematisch, da diese definitiv als unentgeltliche Zuwendung anzusehen sind. Die Bereicherung erfolgt in Höhe des Gegenwerts in Euro. Die Erbschaft- bzw. Schenkungsteuer bemisst sich nach Steuerklassen, bei welchen unterschiedliche Freibeträge gelten (siehe Tabelle). Die Erwerbe der letzten 10 Jahre sind dabei zusammenzurechnen.

| Verwandtschaftsgrad | Erbschaftssteuer Steuerklasse | Erbschaftsteuer Freibeträge |
|---|---|---|
| Ehepaare (auch gleichgeschlechtlich) | 1 | 500.000 € |
| Kindern (auch adoptiert sowie Stiefkinder sowie für Enkelkinder, wenn deren Eltern gestorben sind) | 1 | 400.000 € |
| Enkelkinder | 1 | 200.000 € |
| Eltern und Großeltern bei Erwerb durch Erbschaft | 1 | 100.000 € |

| Verwandtschaftsgrad | Erbschaftssteuer Steuerklasse | Erbschaftsteuer Freibeträge |
|---|---|---|
| Eltern und Großeltern bei Erwerb durch Schenkung | 2 | 20.000 € |
| Geschwister, Kinder der Geschwister, Stiefeltern, Schwiegerkinder, Schwiegereltern, geschiedene Ehepartner (auch gleichgeschlechtlich) | 2 | 20.000 € |
| Alle übrigen Erben | 3 | 20.000 € |

## Kryptowährungen im Betriebsvermögen

Viel bedeutsamer als die Situation des Haltens von Kryptowährungen im Privatvermögen ist die Frage wie die Rechtslage ist, wenn die Kryptowährungen im Betriebsvermögen gehalten werden. Vorwiegend soll es hier um die Frage gehen, wie Kryptowährungen im System der begünstigen Besteuerung von Übertragungen von Betriebsvermögen nach § 13a-c ErbStG zu behandeln sind.

Keine andere Regelung ist im Erbschaftsteuerrecht derart kompliziert und umstritten wie die Besteuerung von Betriebsvermögen. Daher haben die folgenden Ausführungen keinen Anspruch auf Vollständigkeit. Es soll lediglich ein Überblick verschafft und insbesondere die Kryptowährungen in das System einsortiert werden.

Das Ziel ist es, Betriebsvermögen bei der Erbschaftsteuer und damit für die Unternehmensnachfolge begünstigt zu besteuern. Dabei bietet der Gesetzgeber die Wahl zwischen der Regelverschonung und der Verschonungsoption.

Das begünstigte Betriebsvermögen bleibt von der Steuer verschont, wenn der Erbe oder Beschenkte bestimmte Kriterien in künftigen Zeiträumen erfüllt. Der Verschonungsabschlag beträgt bei der Regelverschonung 85 % des im Gesetz genannten begünstigten Vermögens. Der Erbe oder Beschenkte kann aber auch die vollständige Steuerfreistellung wählen. Diese Option führt zu einer vollständigen Steuerfreistellung des Betriebsvermögens. Dabei sind die einzuhaltenden Voraussetzungen jedoch strenger.

Damit nicht jedwedes Vermögen von dieser Begünstigung profitiert, muss zwischen dem tatsächlich begünstigten und dem nicht begünstigten Vermögen unterschieden werden. Ansonsten bestünde die Möglichkeit z.B. vor einer Schenkung für den Betrieb nicht notwendiges Barvermögen in ein Betriebsvermögen zu verschieben und vergünstigt mit zu übertragen. Und an dieser Stelle landen wir beim Thema Kryptowährung.

Handelt es sich dabei um begünstigtes oder nicht begünstigtes Vermögen (weil Kryptowährung = Finanzmittel)?

Aus heutiger Sicht ist festzustellen, dass die Definition von Kryptowährungen im Sinne der Erbschaftsteuer bislang nicht eindeutig entschieden ist. Das Thema ist in der bisher dazu entschiedenen Literatur umstritten. Beide Meinungen sind vertreten. Eine eindeutige herrschende Meinung hat sich noch nicht herauskristallisiert. Daher ist an dieser Stelle der Gesetzgeber dazu aufgerufen für Klarheit und Sicherheit in der Rechtsanwendung zu sorgen.

An dieser Stelle kann nur empfohlen werden, sich bei der Konstellation von Kryptowährungen im Betriebsvermögen an einen Steuerberater zu wenden, welcher einen Überblick über die jeweils aktuelle Rechtslage hat und sich mit dem Thema Kryptowährungen auskennt.

# III. Das Besteuerungsverfahren

Wie läuft eigentlich so ein Besteuerungsverfahren ab? Die Grundzüge dazu sollen im Folgenden kurz erklärt werden, damit auch der steuerliche Laie eine ungefähre Vorstellung davon bekommt, was zu beachten ist.

## A. Verpflichtung zur Abgabe einer Steuererklärung

Wann bin ich eigentlich verpflichtet eine Steuererklärung abzugeben oder werde ich vom Finanzamt dazu aufgefordert? Habe ich ein Wahlrecht eine Erklärung einzureichen?

Antwort: Das kommt drauf an!

Nicht jeder ist in Deutschland dazu verpflichtet eine Steuererklärung abzugeben. Das Einkommensteuergesetz unterscheidet zwischen der Pflichtveranlagung, bei der man zur Abgabe einer Einkommensteuererklärung gesetzlich verpflichtet ist, und der Antragsveranlagung, bei der man freiwillig eine Steuererklärung abgeben und damit zugleich einen Antrag auf die Einkommensteuerveranlagung stellen kann.

Im Fall der freiwilligen Abgabe hat man die Festsetzungsfrist zu beachten. Das heißt, spätestens vier Jahre nach Ablauf des jeweiligen Jahres muss die Steuererklärung beim Finanzamt abgegeben haben.

| **Beispiel:** |
| --- |
| A ist nicht verpflichtet eine Steuererklärung abzugeben, hat aber in 2019 Einkünfte mit Steuerabzug erzielt und rechnet mit einer Steuererstattung, wenn eine Veranlagung durchgeführt wird.<br><br>Für die Steuererklärung 2019 hat A grundsätzlich bis zum 31. Dezember 2023 Zeit, um sich zu überlegen, ob diese abgegeben werden soll. |

Wer hingegen zur Abgabe verpflichtet ist, muss seine Erklärung immer bis zum 31. Juli des Folgejahres abgeben. In Ausnahmefällen kann auf Antrag die Abgabefrist verlängert werden. Hat man einen Steuerberater beauftragt, verlängert sich die Abgabefrist bis zum 28. Februar des zweiten auf das Steuerjahr folgenden Jahres.

Eine **Abgabeverpflichtung** ergibt sich insbesondere in folgenden Fällen, die am häufigsten vorkommen:

- Es sind Einkünfte ohne Lohnsteuerabzug vorhanden (z.B. gewerbliche, selbständige oder sonstige Einkünfte).

- Es wurden Lohnersatzleistungen (z.B. Arbeitslosen-, Kurzarbeiter-, Kranken-, Mutterschafts-, Insolvenz- oder Elterngeld) bezogen.
- Man ist verheiratet und die Einkünfte wurden mit der Steuerklassenkombination III/V oder IV/IV mit einem eingetragenen Faktor besteuert.

**Beispiel:**

A ist aufgrund der gewerblichen Betätigung im Kryptobereich verpflichtet eine Steuererklärung abzugeben. Die Einkünfte wurden 2019 erzielt.

**Lösung:**

Für die Steuererklärung 2019 hat A grundsätzlich bis zum 31. Juli 2020 Zeit, um eine Steuererklärung einzureichen. Durch Beauftragung eines Steuerberaters kann er eine Fristverlängerung bis zum 28. Februar 2021 erreichen.

Kommt man diesen Fristen nicht nach, so droht die Festsetzung eines Verspätungszuschlags. Bislang hatten Finanzbeamte einen Ermessensspielraum, ob sie einen Verspätungszuschlag festsetzen und wie hoch dieser ausfällt. Seit 2018 gilt: Gibt man seine Steuererklärung verspätet ab, dann muss das Finanzamt auf jeden Fall einen Zuschlag von mindestens 25 € pro angefangenen säumigen Monat verlangen. Aber auch die Nichtabgabe wird sanktioniert. Hier können Zwangsgelder festgesetzt werden.

**Steuertipp!**

Wer nicht zur Abgabe einer Einkommensteuererklärung verpflichtet ist, kann wie dargestellt bis zu vier Jahre nach Ablauf des Steuerjahres eine Erklärung beim Finanzamt einreichen. Ab dem 15. Monat nach Ende des jeweiligen Steuerjahres beginnt ein gesetzlich definierter Zinslauf. Das bedeutet, wenn man mit einer Steuererstattung rechnet, so kann man sich diese für jeden vollen Monat mit 0,5 % (6 % im Jahr) vom Finanzamt verzinsen lassen. Andersherum gilt natürlich bei einer Nachzahlung das gleiche.

Wenn man als Arbeitnehmer aus einer selbstständigen oder gewerblichen Nebentätigkeit nicht mehr als 410 € Gewinn erzielt, kann man seine Erklärung noch auf Papier abgeben – ansonsten muss man diese elektronisch übermitteln. Für die elektronische Übermittlung bietet die Finanzverwaltung das elektronische Steuerprotal ELSTER an (www.elster.de).

## B. Verluste bei den Einkünften

Durch die hohe Volatilität bei den Kryptowährungen kommt es nicht selten vor, dass Verluste entstehen können. Was bedeutet das aber für die Besteuerung?

Im Grundsatz gilt, dass alle positiven und negativen Einkünfte in jedem Veranlagungszeitraum der Einkommensteuer unterworfen werden. Jede Periode wird also für sich betrachtet. Diese wird im Bereich der Verluste teilweise außer Kraft gesetzt, indem das Gesetz[6] erlaubt, dass ein nicht ausgeglichener Verlust aus einem Veranlagungszeitraum im vorangegangenen Veranlagungszeitraum als Verlustrücktrag oder in einem der folgenden Veranlagungszeiträume als Verlustvortrag abgezogen werden darf.

Soweit ein Verlust bei einer Einkunftsart nicht durch besondere Bestimmungen vom Verlustausgleich ausgeschlossen ist, dürfen diese in vollem Umfang mit positiven Einkünften aus anderen Einkunftsarten verrechnet werden. Also z.B. Verluste aus einer gewerblichen Tätigkeit mit Einkünften aus nichtselbständiger Tätigkeit.

Für einen Verlustrücktrag gilt:

- Dieser wird automatisch vom Finanzamt berücksichtigt: im unmittelbar vorangegangenen Veranlagungszeitraum und
- ist begrenzt auf 1.000.000 €, bei Zusammenveranlagung bis 2.000.000 €.

Auf Antrag kann einem Verlustrücktrag widersprochen werden.

Für einen Verlustvortrag gilt:

- Dieser ist zeitlich unbegrenzt: bis zur Höhe von 1.000.000 € können Verluste unbeschränkt vom Gesamtbetrag der Einkünfte abgezogen werden. Für zusammenveranlagte Ehegatten wird der Betrag verdoppelt. Den 1.000.000 € übersteigenden Gesamtbetrag der Einkünfte kann man bis zu 60 % für einen Verlustvortrag nutzen.

Der am Schluss eines jeden Veranlagungszeitraums verbleibende Verlustvortrag wird durch einen Feststellungsbescheid festgestellt.

**Steuertipp!**

An dieser Stelle sei darauf hingewiesen, dass nicht alle erzielten Verluste auch für steuerliche Zwecke verwendet werden können. Insbesondere beim Trading mit Kryptowährungen sind Gewinne aus dem An- und Verkauf steuerfrei, wenn dazwischen ein Zeitraum von mehr als einem Jahr liegt. Diese Jahresgrenze gilt allerdings auch für Verluste aus solchen Geschäften. Insofern kann es aus steuerlicher Sicht klug sein, wenn man einen Dauerverlust erwartet, dass man diesen noch innerhalb

6 § 10d EStG.

eines Jahres realisiert, um ihn mit etwaigen Gewinnen aus anderen Kryptogeschäften verrechnen zu können.

**Beispiel:**

A hat am 01.01.01 Coins erworben. 20 X-Coins und 20 Z-Coins zu jeweils einem Kaufpreis von 50 € je Coin. Am 05.12.01 steht der Kurs der X-Coins bei 1 € und der Kurs der Z-Coins bei 100 €. A geht davon aus, dass die X-Coins wohl im Wert nicht mehr steigen werden. Bei den Z-Coins geht er von einem gleichbleibenden bzw. weiter steigenden Kurs aus.

**Lösung:**

Optimal würde A handeln, wenn er noch vor dem 31.12.01 seine X-Coins verkauft und so einen Verlust von 980 € realisiert, welcher mit positiven Einkünften verrechnet werden kann. Die Z-Coins sollte er hingegen weiter im Bestand halten, bis die einjährige Spekulationsfrist abgelaufen ist. Danach sind die derzeitigen Gewinne in Höhe von 1.000 € steuerfrei. Der Verlust aus den X-Coins kann dann zwar nicht im gleichen Jahr mit Gewinnen verrechnet werden. Diese können jedoch ein Jahr zurück oder unbegrenzt vorgetragen werden, bis steuerpflichtige Gewinne aus Kryptogeschäften vorhanden sind.

## C. Vor der Abgabe

Vor der Abgabe einer Steuererklärung, also noch während des eigentlichen Steuerjahres, ist es enorm wichtig, schon die richtigen Grundlagen dafür zu schaffen im kommenden Jahr seine Steuererklärung abgeben zu können. Dazu gehört insbesondere alle relevanten Belege geordnet zu sammeln. Denn je mehr Zeit verstrichen ist, desto schwieriger wird es, sich an steuerlich relevante Sachverhalte zu erinnern oder gar die notwendigen Belege dafür mühsam zusammen zu suchen.

Gerade im Bereich der Kryptogeschäfte ist es enorm wichtig und ratsam genaue Aufzeichnungen über alle Tätigkeiten zu führen. Hat man nur wenige Geschäfte getätigt kann man dies relativ einfach selbst erledigen. Je mehr Geschäfte getätigt werden und z.B. Coins zwischen Wallets und Börsen hin und her geschoben werden, desto intransparenter und schwerer wird es, alles korrekt zu dokumentieren. Mittlerweile gibt es am Markt dafür schon einige gute Softwareprodukte, die das für einen erledigen und sich die Informationen oftmals direkt per Schnittstelle von den Börsen holen. Einige Softwarehersteller schaffen es, die Kryptogeschäfte direkt nach steuerlichen Sachverhalten zu kategorisieren und darüber hinaus Berichte zu erstellen, welche beim Finanzamt vorgelegt werden können.

## D. Die Erstellung der Steuererklärung

In welcher Form ist die Steuererklärung zu erstellen und in welcher Art und Weise ist es zulässig diese beim Finanzamt einzureichen?

Steuerpflichtige, die Einkünfte aus:

- Land- und Forstwirtschaft,
- Gewerbebetrieb oder
- selbständiger Arbeit erzielen

sind verpflichtet, die Einkommensteuererklärung nach amtlich vorgeschriebenem Datensatz elektronisch an die Finanzverwaltung zu übermitteln.

Zur Vermeidung unbilliger Härten kann das Finanzamt auf Antrag weiterhin die Abgabe der Steuererklärungen und Unterlagen zur Steuererklärung in herkömmlicher Form auf Papier zulassen. Dem Antrag ist dann zu entsprechen, wenn die elektronische Datenübermittlung für den Steuerpflichtigen wirtschaftlich oder persönlich unzumutbar ist. Dies ist insbesondere der Fall, wenn der Steuerpflichtige nicht über die erforderliche technische Ausstattung verfügt und die Schaffung der technischen Möglichkeiten für eine Datenfernübertragung des amtlich vorgeschriebenen Datensatzes nur mit einem nicht unerheblichen finanziellen Aufwand möglich wäre.

Für die elektronische Abgabe stellt die Finanzverwaltung ein elektronisches Verfahren[7] (ELSTER – **EL**ektronische **ST**euer**ER**klärung) zur Verfügung.

Für den elektronischen Versand kann man innerhalb der Software wählen, ob die Steuererklärung ohne oder mit elektronischer Unterschrift versendet werden soll. Bei der Abgabe ohne elektronische Unterschrift, wird die Steuererklärung direkt an das Finanzamt übermittelt. Es wird dann aber automatisch eine sogenannte komprimierte Steuererklärung ausgedruckt. Diese muss dann unterschreiben und beim Finanzamt eingereicht werden.

Im Falle der Abgabe der elektronischen Steuererklärung mit elektronischer Unterschrift, benötigt man ein elektronisches Zertifikat. Dafür muss man sich im Internet-Portal der Finanzverwaltung registrieren. Der Vorteil der Verfahren mit elektronischem Zertifikat ist, dass die komprimierte Steuererklärung nicht abzugeben ist. Mit erfolgreicher Übertragung ist die Steuererklärung wirksam abgegeben. Das ist insbesondere wichtig, wenn man seine Erklärung im letzten Moment vor Fristablauf noch abgeben muss.

---

7 www.elster.de.

Im Falle der Nutzung von Elster ist man quasi auf sich selbst gestellt und erhält keine Unterstützung wie diese Formulare auszufüllen sind und was es gegebenenfalls zu beachten gibt. Da helfen einem schon eher die jährlich aktuell käuflich erhältlichen Steuererklärungsprogramme. Diese bieten eine zusätzliche Unterstützung bei der Eingabe und versorgen auch mit dem ein oder anderen Steuertipp.

Letztlich kann die Erstellung und Abgabe der Erklärung auch auf einen Steuerberater delegiert werden. Dann muss man sich fast um nichts kümmern. Man muss nur den Berater mit allen relevanten Informationen versorgen.

Falls Sie sich jetzt fragen, wie man einen guten Steuerberater finden kann, dann schauen Sie bitte im Kapitel I. VI. „Wie finde ich einen guten Steuerberater“. Dort habe ich gegenübergestellt, was meiner Meinung nach den Unterschied macht.

Die folgenden Formulare sind die, welche am häufigsten zutreffend sind:

- Mantelbogen mit allgemeinen Angaben und den Angaben zu Sonderausgaben und außergewöhnlichen Belastungen,
- Anlage Vorsorgeaufwand für den Bereich Versicherungen,
- Anlage Kind falls man Kinder hat,
- Anlage N bei Einkünften aus nichtselbständiger Arbeit,
- Anlage S bei selbständiger Tätigkeit,
- Anlage G bei gewerblicher Tätigkeit,
- Anlage EÜR wenn man selbständige oder gewerbliche Einkünfte hat wenn die Betriebseinnahmen mehr als 17.500 € betragen,
- Anlage SO für die sonstigen Einkünfte (insbesondere Spekulationsgewinne)
- Anlage KAP für Einkünfte aus Kapitalvermögen.

Seit 2017 gilt die sogenannte „Belegvorhaltepflicht“. Das heißt, die Steuererklärung kann in der Regel ohne Belege abgegeben werden. Die Belege sind aber aufzubewahren und auf Aufforderung durch das Finanzamt dort abzugeben. Belege sollte man mindestens 10 Jahre aufbewahren.

# E. Nach der Abgabe

Nach der Abgabe heißt es warten bis der Steuerbescheid kommt. Dies kann bei einigen Finanzämtern zum Teil etwas länger dauern. Rund um die Termine, bei denen die Fristen ablaufen, stauen sich auch bei den Finanzämtern die Erklärungen.

Ist der Bescheid einmal zugegangen, muss dieser innerhalb eines Monats ab Zustellung überprüft werden. Denn solange hat man Zeit einen Einspruch einlegen, wenn man der Meinung ist, dass der Bescheid falsch ist.

Nutzt man eine Software zur Erstellung der Steuererklärung, so kann man die vom Programm erstellte Vorabberechnung der Einkünfte und der Steuer mit dem vorliegenden Bescheid abgleichen. Ergeben sich Abweichungen von der beantragten Veranlagung, so sollte man einen Blick in die Erläuterungen des Bescheides werfen. Hier finden sich in der Regel Hinweise, warum dies der Fall ist. Steht dort nichts, kann man sich die Abweichung vom Sachbearbeiter beim Finanzamt erklären lassen oder rein vorsorglich Einspruch einlegen, um keine Frist zu versäumen, falls man erst kurz vor Ablauf der Einspruchsfrist geprüft hat.

## F. Der Einspruch

Ist man mit Feststellungen im Einkommensteuerbescheid nicht einverstanden, so kann man seine Änderung beantragen. Das Einspruchsverfahren bzw. Rechtsbehelfsverfahren hat jedoch Leitplanken innerhalb derer man sich bewegen muss.

So ist es insbesondere nur möglich einen Einspruch einzulegen, wenn dies innerhalb eines Monats nach Bekanntgabe des Verwaltungsaktes erfolgt[8]. Die Frist für die Einlegung des Einspruchs beginnt nur, wenn das Finanzamt über die Einspruchsmöglichkeit belehrt hat. Dies erfolgt immer am Ende des Steuerbescheides mit der sog. Rechtbehelfsbelehrung. Die wichtigsten Fakten werden dort genannt. In Ausnahmefällen, wenn man ohne Verschulden verhindert war, die Einspruchsfrist einzuhalten, kann man auf Antrag eine sog. Wiedereinsetzung in den vorigen Stand beantragen[9].

Der Einspruch ist schriftlich einzureichen oder kann beim Finanzamt zur Niederschrift erklärt werden[10]. Zur Wahrung der Schriftform kann der Einspruch:

- per Brief,
- durch Telefax oder
- in elektronische Form (ELSTER-Onlineportal[11] oder durch E-Mail)

eingereicht werden.

Es kann auch mal vorkommen, dass im Rahmen des Einspruchs das Finanzamt Sachverhalte neu beurteilt (der Bescheid kann in allen Punkten nochmal überprüft werden) und feststellt, dass diese zu einer höheren anstatt einer niedrigeren Steuer führen müssten (sog. Verböserung). Aber keine Angst, bevor das Finanzamt diese Verböserung durchführen darf, muss es vorher darauf hinweisen und die Gelegenheit geben den Einspruch zurück zu nehmen.

8 § 355 AO.
9 § 110 AO.
10 § 357 Abs. 1 AO.
11 www.elster.de.

Der Einspruch ist für zwei weitere wichtige Dinge unbedingte Voraussetzung:

1. Für eine Aussetzung der Vollziehung[12] der strittigen Steuerzahlung.
2. Für den Antrag auf ruhendes Verfahren, wenn bei einem Finanzgericht ein Musterverfahren anhängig ist, welches dem zu beurteilenden Sachverhalt ähnlich ist und man den Ausgang des Verfahrens abwarten will.

Der Einspruch verhindert nicht, dass die festgesetzte Steuer fällig wird und zu zahlen ist.

Hat man sich erstmal viel Zeit gelassen den Bescheid zu prüfen und legt erst kurz vor dem Zahlungstermin Einspruch ein, weil man der Meinung ist, dass dieser falsch sei, so kann man eine Aussetzung der Vollziehung beantragen. Ob tatsächlich eine Aussetzung der Vollziehung gewährt wird ist jedoch nicht sicher, sondern wird vom Finanzamt noch geprüft. Es müssen gute Gründe dafür bestehen, dass der Bescheid eventuell geändert werden muss.

Will man von einem positiven Urteil eines Finanzgerichts profitieren bzw. sich offen halten selbst zu klagen, so muss man ebenfalls zwingend Einspruch einlegen und dann das Ruhen des Verfahrens beantragen. Danach kann man abwarten, wie ein gegen den Sachverhalt angestrengtes Finanzgerichtsverfahren ausgeht und sich dann entscheiden, ob man selbst klagen will.

Das Einspruchsverfahren ist komplett kostenlos.

Über den Einspruch entscheidet die Finanzbehörde, die den Verwaltungsakt erlassen hat, durch:

- Einspruchsentscheidung, wenn das Finanzamt an seiner Rechtsauffassung festhält,
- Abhilfebescheid, wenn dem Einspruch stattgegeben wird.

Die Einspruchsentscheidung bildet wiederum die Voraussetzung, um eine Klage beim Finanzgericht einreichen zu können.

## G. Die Klage

Hatte man im Rahmen des Einspruchsverfahrens keinen Erfolg seine Rechtsauffassung durchzusetzen, so muss man überlegen eine Klage einzureichen. Auch die Einspruchsentscheidung enthält, wie der Steuerbescheid selbst, eine Rechtsbehelfsbelehrung. Darin wird auf die Frist zur Erhebung einer Klage von einem Monat hingewiesen. Hier steht auch, welches Finanzgericht zuständig ist.

12 § 361 AO.

Spätestens an diesem Punkt sollte man einen Steuerberater oder einen auf Steuerrecht spezialisierten Rechtsanwalt zu Rate ziehen. Man kann sich zwar auch beim Finanzgericht selbst vertreten, was aber auf keinen Fall empfohlen werden kann. Denn wer vor Gericht verliert, muss die Kosten des Verfahrens tragen. Daher soll im Folgenden nur kurz auf den generellen Verfahrensverlauf kurz eingegangen werden.

Das Finanzgericht prüft zunächst die Klageschrift, ob alle Formalitäten erfüllt sind und ob das was man erreichen möchte berechtigt ist. Es informiert das Finanzamt und fordert es auf, zu der Klage Stellung zu nehmen sowie ihm die Steuerakten zu übersenden. Der gesamte Schriftverkehr läuft ab sofort über das Finanzgericht.

Das Finanzgericht entscheidet grundsätzlich als Senat bestehend aus 3 Berufsrichtern und 2 ehrenamtlichen Richtern. Dennoch wird die Klage einem Richter, dem sog. Berichterstatter zugeteilt. Seine Aufgabe ist es, zu klären, um was gestritten wird und soll wird entscheidungserheblichen Umstände ermitteln. Für die Vorbereitung der Verhandlung wird er die Beteiligten schriftlich auffordern den Sachverhalt und die zugehörige Rechtsauffassung darzulegen.

Das Finanzamt trägt die Beweislast für das Bestehen des Steueranspruchs und der Steuerpflichtige für steuermindernde Tatsachen. Im Rahmen eines etwaigen Erörterungstermins wird man zunächst die Rechtslage mit den Beteiligten besprechen und versuchen eine gütliche Einigung zu erreichen. In einigen Fällen kommt es dann schon zur:

- Abhilfe durch das beklagte Finanzamt,
- Rücknahme der Klage oder
- man findet eine gütliche Einigung durch tatsächliche Verständigung, wenn ein Sachverhalt schwierig zu ermitteln sein wird.

Kommt es zu keiner dieser drei Lösungen, wird eine mündliche Verhandlung durchgeführt. Das Finanzgericht entscheidet in der Regel nach dieser mündlichen Verhandlung über die Klage durch ein Urteil. Mit dem Einverständnis der Verfahrensbeteiligten kann auch ohne mündliche Verhandlung entschieden werden.

Der Rechtsstreit kann außerdem durch einen Gerichtsbescheid beendet werden, wenn die Beteiligten ihr Einverständnis hierzu erklärt haben oder eine Entscheidung durch Gerichtsbescheid für sinnvoll erachtet wird. Wenn dann keiner der Parteien innerhalb eines Monats nach Zustellung des Gerichtsbescheids die mündliche Verhandlung beantragt, gilt der Gerichtsbescheid als Urteil.

Gegen die Entscheidung des Finanzgerichts kann Revision oder Beschwerde beim Bundesfinanzhof (BFH) eingelegt werden.

Ein Finanzgerichtsverfahren verursacht anders als ein Einspruchsverfahren Kosten. Die Kosten sind im Gerichtskostengesetz (GKG) geregelt. Zunächst ist eine vorläufige

Verfahrensgebühr im Voraus zu zahlen. Der Gebührenansatz richtet sich bei allen Klageverfahren vorläufig nach dem Mindeststreitwert von 1.500 € und beträgt 284 €. Der Vorschuss wird nach Abschluss des Verfahrens auf die endgültig zu zahlenden Gerichtskosten angerechnet. Über die voraussichtliche Höhe der Gerichtskosten lässt man sich am besten vorher ausführlich von einem Steuerberater oder Rechtsanwalt beraten.

# IV. Weitere wichtige Steuerthemen

Es gibt rund um den Bereich Kryptobesteuerung weitere wichtige und interessante Themen, auf welche jedoch nicht alle eingegangen werden kann. Ein paar wichtige Punkte sollen dennoch nachfolgend zumindest überblicksmäßig angesprochen werden.

## A. Steuerhinterziehung

Eine zunehmende Anzahl von nationalen und internationalen Meldepflichten und ein bröckelndes Bankgeheimnis versetzen die Finanzbehörden immer besser in die Lage Hinterziehungstaten aufzudecken und lassen die Risiken der Entdeckung steigen.

Eine Steuerhinterziehung liegt nicht nur dann vor, wenn man falsche Angaben macht, sondern auch, wenn man die Finanzbehörde pflichtwidrig über steuerlich erhebliche Tatsachen in Unkenntnis lässt und dadurch Steuern verkürzt oder andere nicht gerechtfertigte Steuervorteile erlangt[13]. Selbst der Versuch ist schon strafbar. Steuern sind dann verkürzt, wenn sie nicht, nicht in voller Höhe oder nicht rechtzeitig festgesetzt werden.

Bei der Frage wie lange eine Steuerhinterziehung verfolgt werden kann ist zu unterscheiden. Strafrechtlich beträgt die Verfolgungsverjährung grundsätzlich fünf Jahre[14]. Die steuerliche Festsetzungsfrist im Fall der Steuerhinterziehung beträgt jedoch zehn Jahre[15] und kann sich durch An- und Ablaufhemmungen sogar noch verlängern. Nur in besonders schweren Fällen der Steuerhinterziehung beträgt die strafrechtliche Verfolgungsverjährung ebenfalls zehn Jahre[16].

Hat man eine Steuerhinterziehung begangen, kann man sich durch eine strafbefreiende Selbstanzeige retten[17]. Die Voraussetzungen sind jedoch unbedingt zu beachten. Eine wirksame Selbstanzeige gelingt nur, wenn:

- man zu allen Steuerstraftaten einer Steuerart in vollem Umfang Angaben berichtigt, ergänzt oder nachholt,
- eine Sperrwirkung nicht eingetreten ist (also man noch nicht entdeckt wurde) und
- die hinterzogenen Steuern, die Hinterziehungszinsen und die Zinsen nach § 233a AO innerhalb einer angemessenen Frist entrichtet wurden.

Um nicht die Straffreiheit zu gefährden, sollte man sich unbedingt rechtlichen Rat einholen.

---

13 § 370 Abs. 1 Nr. 2 AO.

14 § 78 Abs. 3 Nr. 4 StGB.

15 § 169 Abs. 2 Satz 2 AO.

16 § 370 Abs. 3 Satz 2 Nr. 1 bis 5 AO.

17 § 371 AO.

Ob man im Bereich von Kryptogeschäften gefährdet ist entdeckt zu werden, darauf wird im folgenden Kapitel eingegangen.

## B. Sammelauskunftsverfahren

Es wird in der Presse immer wieder der Eindruck vermittelt, dass gerade Kryptowährungen dazu geeignet sind illegale Aktivitäten zu anonymisieren und auch Einkünfte an der Steuer vorbei zu schleusen. Dabei muss man sich aber die Frage stellen, warum gerade das Fiat-Geld von den Regierungen abgeschafft werden soll. Ganz klar, weil Bargeld am meisten Privatsphäre bietet. Niemand weiß, wem es gehört, von wem man es erhalten hat oder wer es bekommen hat.

Insbesondere bei Bitcoin-Zahlungen hat man jedoch im Zweifel Zugriff auf die gesamte Transaktionshistorie. Dagegen könnte man einwenden, dass man auf der Blockchain nicht mit seinem Klarnamen auftaucht, sondern nur mit kryptischen Codes. Das Finanzamt muss sich jedoch zumindest darum keine Gedanken machen. Denn es hat die Möglichkeit sog. Sammelauskunftsersuchen zu stellen.

Das Sammelauskunftsersuchen ist die relativ einfache Möglichkeit des Finanzamtes z.B. bei Handelsplattformen im Internet, Informationen über die Personen zu erhalten, welche auf den Plattformen Handel betreiben. Zum Beispiel könnte eine Anfrage gestartet werden, nach der dem Finanzamt Name und Anschrift aller Teilnehmer einer Plattform mitgeteilt werden sollen, welche im Jahr X Bitcoin im Wert von umgerechnet mehr als 10.000,00 € erworben haben". Das eröffnet dann den Weg, weitere Ermittlungen beim einzelnen Steuerpflichtigen aufzunehmen.

Ab Januar 2020 unterliegen Dienstleister in Bezug auf virtuelle Währungen den gleichen Verpflichtungen wie Kredit- und Finanzinstitute und müssen sich daher über ihre Kunden informieren und auf diesem Weg die Möglichkeit der Geldwäsche bekämpfen.

Das Finanzamt kann zwar nicht einfach ohne Grund ein solches Ersuchen stellen, die Hürden sind aber auch nicht all zu schwer. Auf der einen Seite ist kein strafrechtlich begründeter Verdacht notwendig, es reicht aber aus, wenn nach einer Prognose damit zu rechnen ist, dass die Möglichkeit für Steuerverkürzungen besteht. Danach ist es gerade so, dass je mehr Steuerunehrliche sich auf einer Plattform tummeln, desto gerechtfertigter die Anfrage der Finanzbehörden ist. Wie die Gerichte in Zukunft gerade im Bereich Kryptowährung entscheiden werden bleibt noch abzuwarten.

**Bin ich denn auf einer ausländischen Handelsplattform dann nicht sicher?**

Das kommt darauf an. Gerade wenn zwischen Deutschland und dem jeweiligen Land ein Doppelbesteuerungsabkommen (DBA) besteht, gibt es je nach Abkommen die Möglichkeit einer Gruppenanfrage, also einer Anfrage eines Staates an einen anderen Staat, wenn Steuerfragen des anfragenden Staates betroffen sind. Man kann sich also auch hier nicht sicher sein, dass man anonym bleibt. In den letzten Jahren ist das Austauschverhalten von Informationen zwischen einzelnen Staaten ja immer großzügiger geworden.

Kann das Finanzamt nachweisen, dass Einkünfte nicht angegeben wurden, dann wird dieses wegen Steuerhinterziehung ein Verfahren einleiten, was außer den steuerlichen Folgen auch strafrechtliche Konsequenzen nach sich ziehen kann (siehe dazu Kapitel IV. A. Steuerhinterziehung).

## C. Verbindliche Auskunft

Wie wir im Folgenden noch ausreichend feststellen werden, sind viele Bereiche der Betätigung im Krypto-Ökosystem steuerlich noch nicht ausreichend geklärt und deren Besteuerung ungewiss. Will man vor der Ausführung der eigentlichen Tätigkeit Sicherheit darüber erlangen, wie das Finanzamt einen Sachverhalt beurteilen wird, so gibt es dafür ein formelles Verfahren.

Die Finanzämter und das Bundeszentralamt für Steuern können auf Antrag und unter den Voraussetzungen der Steuerauskunftsverordnung sog. verbindliche Auskünfte erteilen[18]. Diese Auskünfte können auf Antrag über die steuerliche Beurteilung von genau bestimmten, noch nicht verwirklichten Sachverhalten erteilt werden, wenn daran im Hinblick auf die erheblichen steuerlichen Auswirkungen ein besonderes Interesse besteht.

Der Antrag ist bei dem Finanzamt zu stellen, das bei Verwirklichung des Sachverhalts voraussichtlich zuständig sein würde. Der Antrag soll innerhalb von sechs Monaten ab Eingang des Antrags bearbeitet werden.

Der Vorteil einer solchen Auskunft liegt darin, dass bei Verwirklichung des angefragten Sachverhalts eine Bindungswirkung hinsichtlich der beurteilten Rechtsfolgen eintritt.

Für die Bearbeitung eines Antrags auf Erteilung einer verbindlichen Auskunft wird eine Gebühr erhoben. Im Normalfall richtet sich die Höhe der Gebühr nach dem Gegenstandswert, also dem Wert, den die verbindliche Auskunft für den Antragsteller hat. Das ist die Differenz zwischen dem Steuerbetrag, der entstehen würde, wenn man der Rechtsauffassung des Antragstellers folgt und dem Steuerbetrag, der sich bei einer von der Finanzbehörde vertretenen entgegengesetzten Rechtsauffassung ergeben würde. Es gibt dabei noch eine Bagatellgrenze von 10.000,00 €, bis zu welcher keine Gebühren

18 § 89 Abs. 2 AO.

anfallen. Kann ein Gegenstandswert auch nicht geschätzt werden, so ist eine Zeitgebühr zu berechnen. Diese beträgt 50 € je angefangene halbe Stunde.

Gerade bei Geschäften mit hohem Gewinnpotential lohnt es sich unter Umständen vorher eine verbindliche Auskunft einzuholen.

Da die Antragstellung auch an formelle Voraussetzungen geknüpft ist, sollte man sich hierzu steuerlich beraten lassen.

# V. Die einzelnen Tätigkeiten und deren Besteuerung

Im Folgenden werden die wichtigsten Betätigungsfelder im Bereich des Krypto-Ökosystems dargestellt und deren Bezug zur Besteuerung besprochen. Dabei erfolgt die Darstellung jeweils immer nach dem gleichen Muster. Nach einer überblicksartigen Darstellung der Tätigkeit erfolgt zunächst eine Bestimmung der Einkunftsart. Danach wird die eigentliche Besteuerung aufgezeigt. Die Beispielsachverhalte mit Lösung sollen die teilweise abstrakten Darstellungen nachvollziehbar machen. Jeder Abschnitt endet mit einer tabellarischen Darstellung und dient als kompakte Übersicht zum Nachschlagen.

## A. Besteuerung Trading von Coins

### 1. Überblick

Trading betrifft eine der grundlegendsten Tätigkeiten im Bereich des Kryptogeschäfte. Insofern ist es nicht überraschend, dass sich zumindest diesbezüglich die Finanzverwaltung bereits geäußert hat. Die Äußerungen behandeln das Thema aktuell nur oberflächlich und können bislang nicht alle offenen Rechtsfragen beantworten. Dennoch können im Folgenden mit relativer Sicherheit die wichtigsten Besteuerungspunkte so besprochen werden, dass diese mit der Rechtsansicht der Finanzverwaltung übereinstimmen sollten.

### 2. Bestimmung der Einkunftsart

#### a) Abgrenzung der Vermögensverwaltung vom gewerblichen Trading

Wie bereits im Kapitel II. Steuerarten beschrieben, kennt das Einkommensteuergesetz verschiedene Einkunftsarten. Um die konkrete Besteuerung zu klären muss daher vorab geklärt werden, ob Trading im Rahmen einer privaten Vermögensverwaltung oder bereits gewerblich ausgeübt wird. Die Qualifikation von Einkünften als gewerblich geht der privaten Vermögensverwaltung vor. Das bedeutet, wenn man die Kriterien einer gewerblichen Tätigkeit erfüllt, können diese nicht mehr einer privaten Vermögensverwaltung zugeordnet werden.

**Wann liegt gewerbliches Trading vor?**

Ob man gewerbliches Trading betreibt, lässt sich an folgenden Merkmalen beurteilen:

- Die Tätigkeit muss mit Gewinnerzielungsabsicht betrieben werden,
- Es muss sich um eine nachhaltige Betätigung (Wiederholungsabsicht) handeln,

- Es muss eine Teilnahme am wirtschaftlichen Verkehr vorliegen,
- Die Tätigkeit muss selbständig ausgeübt werden,
- Es darf sich nicht mehr um eine private Vermögensverwaltung handeln,
- Es darf sich um keine Land- und Forstwirtschaft oder selbständige Arbeit handeln.

### Wann liegt private Vermögensverwaltung vor?

Juristisch ausgedrückt: „Eine private Vermögensverwaltung liegt vor, wenn sich die Betätigung (noch) als Nutzung von Vermögen im Sinne einer Fruchtziehung aus zu erhaltenden Substanzwerten darstellt und die Ausnutzung substanzieller Vermögenswerte durch Umschichtung nicht entscheidend in den Vordergrund tritt.“[19]

Übersetzt bedeutet das so viel wie, dass besonders zu berücksichtigen ist, ob Gewinne nur durch Veräußerungen erzielt werden können. Ist dies der Fall – man bekommt also z.B. keine Zinsen (Fruchtziehung) –, so sei entscheidend, ob eine hohe Anzahl von An- und Verkäufen stattfindet.

Zusätzlich können z.B. der Umfang der Geschäfte, die Umschlaghäufigkeit oder Fremdfinanzierung, die Art der Durchführung der Geschäfte und auch andere Verhaltensweisen, die für die private Vermögensverwaltung ungewöhnlich sind, berücksichtigt werden.

Die Messlatte für eine über die Vermögensverwaltung hinausgehende Tätigkeit dürfte hoch anzusetzen sein. Das typische Spekulieren auf Wertsteigerungen (wenn keine laufenden Erträge generiert werden) ist strukturell vergleichbar mit einer Anlage in Wertpapiere oder Gold.

> **Hinweis!** Ein gewerblicher Kryptohandel dürfte nur in Ausnahmefällen anzunehmen sein. Die Grenzen sind dennoch fließend. Bei einer Entscheidung ist immer auf den Einzelfall abzustellen.

Ist die Tätigkeit tatsächlich als gewerbliche Betätigung einzustufen, so gehen alle Vorteile verloren, welche eine private Vermögensverwaltung noch mit sich bringt. Insbesondere geht die Steuerfreiheit vom ersten Tag an zu 100 % verloren. Die Einkünfte werden dann nicht nur mit dem normalen Einkommensteuertarif besteuert, sondern es kann auch Gewerbesteuer anfallen. Im Kapitel zu den Einkunftsarten (s. Kapitel II.) ist dies nochmal näher beschrieben.

19 R 17 Abs. 1 S. 2 EStR.

## 3. Besteuerung

### a) Besteuerung bei privater Vermögensverwaltung

Für diesen Bereich hat sich bei der Finanzverwaltung[20] bereits eine einheitliche Rechtsansicht herausgebildet. Aufgrund dessen, dass Kryptowährungen kein gesetzliches Zahlungsmittel darstellen, aber durch die BaFin[21] als Rechnungseinheit qualifiziert wurden, sollen für den Kauf und Verkauf dieselben Grundsätze gelten, die auch für Fremdwährungsgeschäfte maßgeblich sind.

Daraus ergibt sich, dass die Anschaffung und der Verkauf von Kryptowährungen ein privates Veräußerungsgeschäft[22] darstellen, sofern der Zeitraum zwischen Anschaffung und Veräußerung nicht mehr als ein Jahr beträgt (sog. Spekulations- oder Haltefrist). Nach Ablauf eines Jahres bleibt ein etwaiger Veräußerungsgewinn steuerfrei. Allerdings können nach Ablauf eines Jahres auch etwaige Verluste konsequenterweise nicht mehr genutzt werden.

Vereinzelt findet man die Auffassung, dass nur ein Rückumtausch von der jeweiligen Kryptowährung in Fiatwährung besteuert wird. Dem ist jedoch zumindest in Deutschland nicht so. Auch der Tausch von Coin zu Coin ist ein Verkauf bzw. Kauf im Sinne der Besteuerungsvorschrift. Der bisher im Bestand befindliche Coin wird verkauft und der neue eingetauschte Coin wird angeschafft.

### b) Freigrenze

Gewinne bleiben jedoch bis zu einer Freigrenze von 600 € im Jahr steuerfrei, auch wenn diese innerhalb der Spekulationsfrist erzielt wurden.

**Hinweis!** Es handelt sich nicht um einen Freibetrag, sondern nur um eine Freigrenze. Das bedeutet, dass wenn man die Grenze nur um 1 € überschreitet, sämtliche Einkünfte steuerpflichtig werden. Also auch die ersten 600 €.

Ist man verheiratet, kann man die Freigrenze jedoch nicht verdoppeln. Diese steht jedem Ehepartner einzeln zu. Auch gelten die Gewinne nicht je Kryptowährung, sondern für die gesamten Einkünfte aus Kryptogeschäften. Auf eine Unterscheidung von z.B. Bitcoin und Ether kommt es nicht an.

20 Verfügung OFD Nordrhein-Westfalen vom 20.04.2018, ESt Nr. 04/2108.

21 Fachartikel vom 19.12.2013 Aufsichtsrechtliche Bewertung von Bitcoin und Risiken für Nutzer.

22 § 23 Abs. 1 Satz 1 Nr. 2 EStG.

| Beispiel: |
|---|
| A ist verheiratet und kauft am 01.01.01 1 BTC zu einem Preis von 10.000 € und 1 ETH zu einem Preis von 300 €. Am 30.08.01 verkauft er beide Coins zu einem Preis von 11.000 € für den BTC und 400 € für den ETH. Insgesamt erzielt er also einen Gewinn in Höhe von 1.100 €. |

| Lösung: |
|---|
| Da der An- und Verkauf innerhalb eines Jahres erfolgen, handelt es sich um ein steuerpflichtiges Spekulationsgeschäft. A hat insgesamt 1.100 € als Einkünfte zu besteuern. Die Freigrenze von 600 € ist nicht anzuwenden, da diese A nur allein in Anspruch nehmen kann. Er kann die Freigrenze von seiner Ehefrau nicht zusätzlich in Anspruch nehmen. Die Freigrenze gilt auch nicht je Kryptoeinheit. Da die Freigrenze von 600 € überschritten ist, muss er den kompletten Gewinn versteuern. Er könnte lediglich direkt mit seinen Einkünften zusammenhängende Werbungskosten (z.B. Transaktionsgebühren) in Abzug bringen. |

### c) Verluste

Falls innerhalb eines Jahres im Rahmen der privaten Vermögensverwaltung Verluste generiert werden, so können diese nur mit Gewinnen aus derselben Einkunftsart ausgeglichen werden. Daher ist das Bestreben des Finanzamtes nicht generell dahingehend ausgelegt den Handel als gewerblich anzusehen, da die Beschränkung von Verlusten im Falle der Gewerblichkeit weder zeitlich noch auf andere Gewinne aus anderen Einkunftsarten beschränkt ist.

Aufgrund der zeitlichen Begrenzung von einem Jahr, kann es sinnvoll sein, kurz vor dem Ablauf der Frist Kryptowährungen zu verkaufen, wenn der Kurs mal gerade nicht so gut steht.

Was ist aber, wenn man in einem Jahr nur Verluste erzielt hat oder mehr Verluste als Gewinne? Dann kann man den Verlust ein Jahr zurück in das vergangene Jahr tragen, wenn man dort Gewinne zu verzeichnen hatte oder der Verlust wird in die Folgejahre vorgetragen, bis irgendwann Gewinne anfallen. Die Verluste gehen also nicht verloren, sondern werden nur zeitlich verschoben.

### d) Verbrauchsfolgeverfahren

Um einen etwaigen Veräußerungsgewinn oder Verlust ermitteln zu können müssen die Anschaffungskosten den Verkaufserlösen gegenübergestellt werden. Aber wie macht man das, wenn man mehrfach schrittweise zu verschiedenen Zeitpunkten Kryptowährungen eingekauft hat?

Auch hier ist die Finanzverwaltung der Meinung, dass man sich analog der Rechtslage bei Fremdwährungsgeschäften verhalten muss. Angenommen eine Besteuerung wäre danach vorzunehmen, so ist geregelt, dass bei der Anschaffung und Veräußerung gleichartiger Fremdwährungsbeträge zu unterstellen sei, dass die zuerst angeschafften Beträge zuerst auch wieder veräußert werden (**First in First Out** bzw. **FiFo**).

Diese Sichtweise ist nicht ganz unumstritten. Eine gesetzliche Regelung fehlt bis heute. Man sollte sich jedoch darauf einstellen, dass die Finanzverwaltung diese Rechtsauffassung bei der Veranlagung durchsetzen will.

Dass als Verbrauchsfolgeverfahren FiFo angewendet wird, muss aber nicht unbedingt nachteiliges bedeuten.

Dazu im Folgenden ein paar Beispiele zu verschiedenen Situationen, die die Handlungsoptionen verdeutlichen sollen.

| **Beispiel 1:** |
| --- |
| A kauft am 01.05.01 0,5 BTC zu einem Kurs von 10.000 € und am 01.06.01 weitere 0,5 BTC zu einem Kurs von 11.000 €. Beide Käufe werden auf derselben Börse oder Wallet gehalten. Am 30.06.01 verkauft er davon wieder 0,5 BTC zum Kurs von 12.000 €. |

| **Lösung:** |
| --- |
| Nach der FiFo-Methode müsste er die zuerst gekauften 0,5 BTC verkaufen und würde daher einen höheren steuerpflichtigen Verkauf (Gewinn 2.000 €) realisieren, als wenn er die zuletzt eingekauften 0,5 BTC verkaufen würde (Gewinn 1.000 €). Die Anwendung von FiFo wirkt also negativ. |

| **Beispiel 2:** |
| --- |
| A kauft am 01.05.01 0,5 BTC zu einem Kurs von 13.000 € und am 01.06.01 weitere 0,5 BTC zu einem Kurs von 11.000 €. Beide Käufe werden auf derselben Börse oder Wallet gehalten. Am 30.06.01 verkauft er davon wieder 0,5 BTC zum Kurs von 12.000 €. |

| **Lösung:** |
| --- |
| Durch die Anwendung von FiFo erzielt A einen Verlust in Höhe von 1.000 € da er beim ersten Kauf höhere Anschaffungskosten hatte als beim zweiten Kauf. Dieser Verlust |

kann, da er innerhalb eines Jahres realisiert wurde mit künftigen Gewinnen verrechnet werden. Die Anwendung von Fifo wirkt also positiv.

**Beispiel 3:**

A kauft am 01.05.01 0,5 BTC zu einem Kurs von 10.000 € und am 01.06.01 weitere 0,5 BTC zu einem Kurs von 11.000 €. Beide Käufe werden auf derselben Börse oder Wallet gehalten. Am 30.05.02 verkauft er davon wieder 0,5 BTC zum Kurs von 12.000 €.

**Lösung:**

Wie bei Beispiel 1 muss A nach der FiFo-Methode die zuerst gekauften BTC zuerst verkaufen und erzielt dabei einen höheren Gewinn, als wenn er den zweiten Einkauf verkaufen könnte. Allerdings ist der Verkauf steuerfrei, weil diese am 01.05.01 gekauft und am 30.05.02 verkauft wurden, weshalb die Spekulationsfrist von einem Jahr bereits abgelaufen ist. Die Anwendung von FiFo wirkt also wieder positiv.

Was man an den Beispielen sieht ist, dass FiFo nicht in allen Situationen negativ wirkt. Genauso würde man Beispiele finden, nach denen einen andere Methode, wie z.B. Last in First out (LiFo) sowohl günstig als auch ungünstig sein kann.

Man muss nur die Spielregeln kennen, nach denen gespielt werden soll. Wichtig ist dann nur die Frage, ob man diese auch für sich zu seinem Vorteil nutzen kann. Und das kann man sehr gut. FiFo ist eben nur ein Vereinfachungsverfahren und kein Zwang. Zumindest wurde bis heute dazu keine Regelung seitens des Gesetzgebers getroffen, obwohl bereits 2013 angekündigt wurde, dass man eine solche treffen will[23].

Nach meiner Auffassung sind einzelne Transaktionen bzw. Kryptowährungen dann individuell zu identifizieren und verlieren nicht ihre Selbständigkeit, wenn diese getrennt voneinander gehalten werden. An diesem Punkt kommt uns die Technik der Blockchain zur Hilfe. Es gilt der Grundsatz, dass für jede Transaktion immer ein neuer Private Key generiert und verwendet werden sollte.

So sollte auch bereits beim Ankauf von Kryptowährungen darauf geachtet werden, dass für jeden Kauf ein eigener Key generiert wird und jeder einzelne Kauf darauf gespeichert wird. Damit ist stets klar ist, welcher Key später verwendet wird, wenn man wieder verkaufen möchte. Man kann jeweils einzeln entscheiden, welche eingekauften Coins man gerade veräußern möchte. In diesem Fall handelt es sich dann um sog. **nämliche Wirtschaftsgüter**. Man kann diese exakt von anderen abgrenzen.

23 BT-Drucks. 17/14530 S. 40 f.

Die Herausforderung besteht vielmehr darin die einzelnen Keys zu verwalten, um jede Transaktion nachvollziehbar zu halten.

Damit man nicht den Überblick verliert und unzählige Keys verwalten muss, gibt es die Möglichkeit sich eine Hard Wallet zuzulegen. Diese übernehmen quasi die Verwaltungsarbeit. Man legt auf der Hard Wallet für jede Transaktion einen neuen Key an und transferiert seine gekauften Kryptowährungen auf diesen Key. Diese sind dort sicher und man kann zentral über die Hard Wallet auf alle Keys zugreifen.

Es ist aber auch möglich Transaktionen voneinander zu trennen, wenn man bei einer Transaktion erworbene Kryptowährungen auf eine Wallet verschiebt und eine zweite Transaktion auf der Börse belässt. Es kommt nur darauf an, dass man immer nachweislich bestimmen kann welcher Teil der Kryptowährungen gehandelt werden soll.

Manchmal wird vorgeschlagen, dass man die Individualisierbarkeit auch durch das Führen von Aufzeichnungen z.B. mittels Excel herstellen kann. Dies ist meines Erachtens nicht möglich und kann nicht empfohlen werden.

Diese Art eine Identifizierbarkeit herzustellen ist nicht neu. Dies ist bei Aktien und Depots gängige Praxis. Hat man auf verschiedenen Depots verschiedene Aktien, so ist es auch möglich zu bestimmen aus welchem Depot welche Aktien verkauft werden. Insofern sehe ich keinen Ansatzpunkt für eine Regelung die die FiFo-Methode z.B. Walletübergreifend anordnet.

## 4. Zusammenfassung

| **Tätigkeit** | Trading von Coins |
|---|---|
| **Finanzverwaltung** | Verfügung OFD Nordrhein-Westfalen, vom 20.04.2018, ESt Nr. 04/2108<br>Erlass FinMin Hamburg vom 11.12.2017, S 2256 – 2017/003-52<br>BMF vom 27.02.2018, III C 3 – S 7160-b/13/10001, BStBl 2018 I S. 316 |
| **Weitere Quellen** | BT-Drucks. 17/14530 S. 40 ff.<br>BT-Drucks. 19/370 S. 21 ff,<br>Fachartikel BaFin vom 19.12.2013 zu Bewertung Bitcoin |
| **Rechtsgrundlage** | § 15 EStG, § 23 EStG, § 7 GewStG |
| **Freigrenze/ Freibetrag** | Freigrenze: 600,00 € (nicht bei Gewerblichkeit)<br>Freibetrag: keiner |

| | |
|---|---|
| **Besteuerung** | Gewerbliche Einkünfte oder<br>private Vermögensverwaltung |
| **Verlustnutzung** | Private Vermögensverwaltung: Verrechnung mit Gewinnen derselben Einkunftsart<br>Gewerbliche Einkünfte: Verrechnung mit allen Einkunftsarten |
| **Besonderheiten** | Beachtung Verbrauchsfolgeverfahren FiFo<br>Spekulationsfrist bei privater Vermögensverwaltung |

# B. Besteuerung von Mining

## 1. Überblick

Mining ist neben dem Trading eine der grundlegenden Tätigkeiten, welche man im Bereich der Kryptowährungen vorfindet. Daher hat sich auch die Finanzverwaltung in diesem Bereich bereits zur Besteuerung geäußert. Allerdings werden nicht alles Aspekte des Mining im Detail unterschieden. Insbesondere wird nicht danach unterschieden, ob man Einkünfte aus dem sog. block reward oder aus den Transaktionsgebühren erzielt. Ebenso wie bei der Beurteilung der Einkünfte aus Trading ist beim Mining aber zunächst zu beurteilen, ob die Grenze zur Gewerblichkeit überschritten ist.

## 2. Bestimmung der Einkunftsart

### a) Abgrenzung gewerbliches und privates Mining

Nicht nur beim Trading stellt sich die Frage der Abgrenzung von gewerblicher oder privater Tätigkeit, sondern auch beim Mining. Ganz vereinfacht kann es sich nur um privates Mining handeln, wenn man dieses nur gelegentlich und ohne Gewinnerzielungsabsicht verfolgt. Aber auch hier gibt es keine festen Grenzen, an denen man sich orientieren kann. Im Folgenden sollen jedoch einige Kriterien aufgezeigt werden, die man im Einzelfall beurteilen muss.

Die hier beschriebenen Abgrenzungen beziehen sich auf die Tätigkeit von Privatpersonen. Denn die Tätigkeit im Rahmen von Kapitalgesellschaften, wie z.B. einer GmbH ist stets schon aufgrund der Rechtsform gewerblich.

### b) Abgrenzungskriterien

Damit Einkünfte aus Mining als gewerblich beurteilt werden können kann wie beim Trading auf folgende Kriterien zurückgegriffen werden:

- Die Tätigkeit muss mit Gewinnerzielungsabsicht betrieben werden.

- Es muss sich um eine nachhaltige (Wiederholungsabsicht) Betätigung handeln.
- Es muss eine Teilnahme am wirtschaftlichen Verkehr vorliegen.
- Die Tätigkeit muss selbständig ausgeübt werden.
- Es darf sich nicht mehr um eine private Vermögensverwaltung handeln.
- Es darf sich um keine Land- und Forstwirtschaft oder selbständige Arbeit handeln.

In einer Verfügung der OFD Nordrhein-Westfalen[24] wird die Rechtsauffassung geäußert, dass aufgrund der mittlerweile erforderlichen Anfangsinvestitionen (insbes. hohe Rechnerleistungen sowie laufende hohe Stromkosten) insoweit regelmäßig von Einkünften aus Gewerbebetrieb auszugehen sei.

Das Tatbestandsmerkmal der selbständigen Tätigkeit sei in den betreffenden Fallkonstellationen jedenfalls dann erfüllt, wenn der Steuerpflichtige über den Umfang der eingesetzten Rechnerleistung eigenständig entscheidet.

Wegen der in der Regel erforderlichen hohen Rechnerleistung, der immer komplexeren kryptografischen Aufgaben sowie der damit zusammenhängenden Investitionen sei von einer Teilnahme am allgemeinen wirtschaftlichen Verkehr zudem dann auszugehen, wenn die durch Mining gewonnenen Kryptowährungen getauscht oder als Zahlungsmittel eingesetzt würden.

Lägen hohe Anfangsinvestitionen (aufgrund hoher Rechnerleistung) vor, kann überdies auf eine nachhaltige Tätigkeit des Steuerpflichtigen geschlossen werden.

Dass sich die Finanzverwaltung selbst allerdings noch unsicher zu sein scheint, ergibt sich aus der gleichen Verfügung. Es wird darum gebeten, Fälle des gewerblichen Minings von Kryptowährungen zu berichten und dabei insbesondere Angaben zu eventuellen Schwierigkeiten bei der Sachverhaltsermittlung sowie Gewinn- und Verlusthöhe zu machen.

Man ist offensichtlich noch dabei durch das Einholen von Informationen eine Erfahrungs- und Datenbasis aufzubauen, um zu bestimmen wie eng oder weit man die Kriterien auslegen soll oder muss.

Nicht in allen Fällen ist es von Vorteil eine gewerbliche Tätigkeit anzunehmen. Denn wenn Mining zu Verlusten führt und man dieses als gewerbliche Tätigkeit einstuft, bedeutet dies zugleich eine volle Verlustverrechnung mit allen anderen Einkünften.

Die Grenze der Verlustverrechnung liegt bei der Annahme, man würde diese Tätigkeit nur aus „**Liebhaberei**" betreiben. Bei einer andauernden verlustbringenden Tätigkeit muss gegebenenfalls nachgewiesen werden, in wie fern man das Ziel hat Gewinne zu

24 Verfügung OFD Nordrhein-Westfalen, vom 20.04.2018, ESt Nr. 04/2108.

erzielen und plausibel darzulegen, dass dies auch möglich ist. Grds. werden Anlaufverluste in einem zeitlichen Umfang von 5 Jahren nicht beanstandet.

Letztlich ist zu hoffen, dass sich die Finanzverwaltung irgendwann einheitlich positioniert und versucht einen einigermaßen einheitlichen und nachvollziehbaren Maßstab festzulegen. Danach wird es sicherlich auf die Einzelfallentscheidungen von Gerichten ankommen, bis genügend Erfahrungswerte vorliegen, um für die Praxis handhabbare Orientierungswerte zu erhalten.

Bis dahin sollte man das große Ganze betrachten und danach fragen, ob die Tätigkeit in der Verkehrsanschauung einen Gewerbebetrieb ausmacht. Da zumindest bei den großen Kryptowährungen, wie z.B. Bitcoin aktuell enorm hohe Investitionen verbunden mit enormen Stromkosten notwendig sind, um überhaupt rentabel zu sein, sollte man tendenziell von einer Gewerblichkeit ausgehen können. Allerdings gibt es nicht nur schwarz oder weiß und es ist stets der Einzelfall zu betrachten.

## 3. Besteuerung

### a) Besteuerung von gewerblichem Mining

Gemäß einer Antwort des Parlamentarischen Staatssekretärs Dr. Michael Meister[25] soll für das gewerbliche Mining folgendes gelten:

> *„Werden Kryptowährungen im Rahmen einer gewerblichen Tätigkeit mit Gewinnerzielungsabsicht angeschafft oder hergestellt, sind Gewinne aus der Veräußerung oder dem Tausch der Kryptowährung im Rahmen der Einkünfte aus Gewerbebetrieb zu erfassen. Die Kosten für das Mining der Kryptowährungen sind als Betriebsausgaben abzugsfähig.“*

Betreibt man als Privatperson tatsächlich gewerbliches Mining so erfolgt eine Gewinnermittlung entweder nach den Grundsätzen einer Einnahmen-Überschussrechnung oder etwa im Rahmen einer Buchführungspflicht (Bilanzierung). Eine Buchführungspflicht aus Sicht des Steuerrechts entsteht jedoch erst, wenn Umsätze von mehr als 600.000 € oder ein Gewinn von mehr als 60.000 € im Jahr vorliegen[26].

Ganz vereinfacht bedeutet die Gewinnermittlung die Gegenüberstellung von Einnahmen und Ausgaben, wobei die Anschaffung von Mining-Hardware über eine betriebsgewöhnliche Nutzungsdauer abzuschreiben ist. Computertechnik wird im Steuerrecht in der Regel über einen Zeitraum von 3 Jahren abgeschrieben.

---

25 BT-Drucks. 19/370 S. 22.

26 § 141 Abs. 1 AO.

Der Gewinn unterliegt dann dem jeweiligen persönlichen Steuersatz bei der Einkommensteuer zzgl. Solidaritätszuschlag und etwaiger Kirchensteuer. Zusätzlich fällt Gewerbesteuer ab einem Gewinn von 24.500 € an. Diese wird wie im Kapitel II. B. zur Gewerbesteuer teilweise oder vollständig auf die Einkommensteuer angerechnet.

### b) Besteuerung von privatem Mining

Ist Mining nicht als gewerblich zu qualifizieren, bedeutet das jedoch nicht, dass keine Steuer anfällt. Allerdings kommt eine Besteuerung wie beim Trading als Spekulationsgewinn nicht in Betracht. Dies setzt nämlich voraus, dass die jeweilige Kryptowährung vorher angeschafft wurde. Beim Mining ist dies jedoch nicht der Fall. Faktisch erfolgt eine Herstellung. So sieht es auch die OFD Nordrhein-Westfalen in ihrer Verfügung[27].

Im Steuerrecht gibt es eine Auffangvorschrift für Einkünfte, welche keiner der anderen Einkunftsarten zugerechnet werden können. Die sog. **Einkünfte aus sonstigen Leistungen** gem. § 22 Nr. 3 EStG. Eine sonstige Leistung in diesem Sinne ist jedes Tun, Dulden oder Unterlassen, das weder eine Veräußerung noch einen veräußerungsähnlichen Vorgang im Privatbereich betrifft, Gegenstand eines entgeltlichen Vertrags sein kann und eine Gegenleistung auslöst[28].

Allerdings muss man hier meines Erachtens weiter differenzieren. Denn der Miner erhält zum einen eine Erfolgsprämie (block reward) wenn er einen Block findet bzw. bestätigt. Zum anderen erhält er für jede bestätigte Transaktion auch ein Entgelt von den Personen die eine Transaktion bestätigt haben wollen.

Bezieht man sich auf den block reward, so bekommt man neue Coins nicht von irgendeiner Person, sondern dieser reward ist ureigen in der Kryptografie der jeweiligen Kryptowährung niedergelegt. Es besteht also kein Leistungstausch zu irgendeiner anderen Person. Meines Erachtens werden also auch keine Einkünfte erzielt. Also muss es sich um einen nicht steuerbaren Vorgang handeln. Leider gibt es auch hierzu bislang noch keine Äußerung der Finanzverwaltung bzw. in den bisherigen Äußerungen wird das Mining erst gar nicht so differenziert betrachtet.

Im Gegenzug zum block reward bekommt man bei der Bestätigung von Transaktionen jedoch eine Gebühr als direkte Gegenleistung für die Bestätigung. Somit handelt es sich meines Erachtens um Einkünfte, welche nach § 22 Nr. 3 EStG besteuert werden können. Dies steht jedoch im Gegensatz zur Aussage des BMF[29] in Bezug auf die umsatzsteuerliche Beurteilung. Hiernach sollen die Transaktionsgebühren, welche

---

27 OFD Nordrhein-Westfalen, vom 20.04.2018, Kurzinformation ESt Nr. 04/2018.
28 BFH-Urteil vom 24.04.2012, X R 6/10, BStBl 2012 II S. 581.
29 BMF vom 27.02.2018, II C 3 – S 7160-b/13/10001, BStBl 2018 I S. 316.

die Miner von anderen Nutzern des Systems erhalten, freiwillig entrichtet werden und stehen in keinem unmittelbaren Zusammenhang mit der Leistung der Miner.

Ertrag- und Umsatzsteuer müssen in Bezug auf die Frage der Besteuerung zwar nicht zum gleichen Ergebnis kommen, aber in diesem Fall sehe ich keinen Grund davon auszugehen, dass die Transaktionsgebühren freiwillig gezahlt werden. Die Transaktionsgebühren sind zwar nicht festgelegt und man könnte tatsächlich auch eine Transaktion anstoßen, ohne eine Gebühr entrichten zu wollen, allerdings ist es fraglich, ob ein Miner diese bestätigen würde, wenn es genügend anderen Transaktionen gibt, welche ihm Geld einbringen. Insbesondere da der block reward sich nach jedem halving reduziert, wird die Transaktionsgebühr immer relevanter.

Die Gewinne unterliegen dem jeweiligen persönlichen Steuersatz bei der Einkommensteuer zzgl. Solidaritätszuschlag. Bei den sonstigen Einkünften gibt es eine Freigrenze von 256 €. Bis dahin unterbleibt eine Besteuerung. Liegt der Gewinn über der Freigrenze wird der gesamte Betrag steuerpflichtig.

Als Werbungskosten können alle mit der Tätigkeit zusammenhängenden Aufwendungen geltend gemacht werden. Insbesondere die Aufwendungen für die Mining-Hardware in Form der Abschreibung und die Stromkosten.

## 4. Zusammenfassung

| | |
|---|---|
| **Tätigkeit** | Mining |
| **Finanzverwaltung** | Verfügung OFD Nordrhein-Westfalen, vom 20.04.2018, ESt Nr. 04/2108<br>Erlass FinMin Hamburg vom 11.12.2017, S 2256 – 2017/003-52<br>BMF vom 27.02.2018, III C 3 – S 7160-b/13/10001, BStBl 2018 I S. 316 |
| **Weitere Quellen** | BT-Drucks. 17/14530 S. 40 ff.<br>BT-Drucks. 19/370 S. 21 ff.<br>Fachartikel BaFin vom 19.12.2013 zu Bewertung Bitcoin |
| **Rechtsgrundlage** | § 15 EStG, § 22 EStG, § 7 GewStG |
| **Freigrenze/ Freibetrag** | Freigrenze: 256,00 € Freigrenze (nicht bei Gewerblichkeit)<br>Freibetrag: Keiner |
| **Besteuerung** | Gewerbliche Einkünfte oder<br>Sonstige Einkünfte |

| | |
|---|---|
| **Verlustnutzung** | Sonstige Einkünfte: Verrechnung mit Gewinnen derselben Einkunftsart<br>Gewerbliche Einkünfte: Verrechnung mit allen Einkunftsarten |
| **Besonderheiten** | Unterscheidung Einkünfte aus block reward und Transaktionsgebühren<br>Spekulationsfrist bei privater Vermögensverwaltung |

# C. Besteuerung von Staking

## 1. Überblick

Ganz grundsätzlich ist festzustellen, dass die aktuelle Rechtslage in diesem Bereich noch so gut wie ungeklärt ist. Es werden verschiedene Sichtweisen diskutiert und auch vertreten. Einkünfte können theoretisch vorliegen beim Erhalt von Einkünften aus Staking, sowie beim Verkauf der gestakten und erhaltenen Coins. Wie bereits bei den vorher besprochenen Tätigkeiten gilt es zunächst zu prüfen, welche Einkunftsart vorliegt.

## 2. Bestimmung der Einkunftsart

### a) Staking als gewerbliche Tätigkeit?

Prüft man die **Merkmale einer gewerblichen Tätigkeit**:

- Gewinnerzielungsabsicht,
- Nachhaltigkeit,
- Teilnahme am wirtschaftlichen Verkehr,
- Selbständigkeit und
- keine Vermögensverwaltung, selbständige Tätigkeit oder Land- und Forstwirtschaft,

so ist zumindest das Merkmal der Selbständigkeit zu bezweifeln. Allein durch die Hingabe von Coins hat es der Staker nicht in der Hand, dass er Einkommen erzielt, vielmehr unterliegt der Erfolg der Blockfindung weiterhin einer gewissen Zufälligkeit. Daher kann meines Erachtens nicht angenommen werden, dass Staking zu gewerblichen Einkünften führt.

Außerdem überschreitet das Staking nicht die Grenze der privaten Vermögensverwaltung. Beim Staking steht es nicht im Vordergrund durch Handelsgeschäfte Einkünfte zu erzielen, sondern die Fruchtziehung aus dem Vermögen, also aus den gestakten Coins.

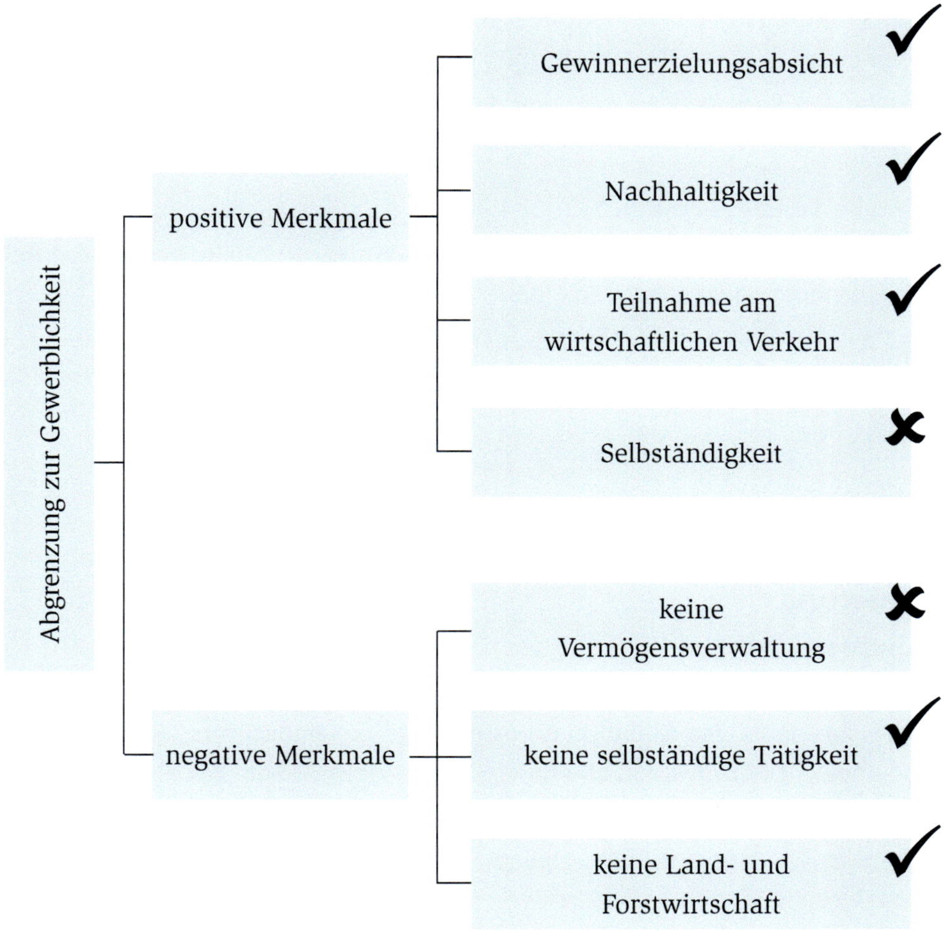


## b) Staking als Einkünfte aus Kapitalvermögen?

Es könnte sich beim Staking auch um Einkünfte aus Kapitalvermögen (evtl. Dividende, Darlehen, sonstige Kapitalerträge) handeln. Der Teilnehmer stellt einen Vermögenswert zur Verfügung und erhält dafür eine Vergütung.

Einkünfte aus Staking können nicht als Dividende bzw. Gewinnausschüttung angesehen werden. Dafür bedürfte es einem Gesellschaftsverhältnis und einem Beschluss zur Gewinnverwendung.

Ein Darlehen setzt einen Kapitalrückforderungsanspruch voraus, welcher beim Staking jedoch nicht gegeben ist.

Aber auch die sonstigen Kapitalerträge sind nicht anzunehmen, da die Kapitalforderung auf eine Geldleistung (insbesondere gesetzliches Zahlungsmittel) gerichtet sein muss[30]. Kryptowährungen sind jedoch nicht als Geld anerkannt, sondern werden als Rechnungseinheit qualifiziert. Damit liegt eine Sachleistung vor.

Folglich kann es sich beim Staking nicht um Einkünfte aus Kapitalvermögen handeln.

#### c) Staking als sonstige Einkünfte?

Als Auffangtatbestand verbleiben daher Einkünfte aus sonstigen Leistungen[31]. Darunter fällt jedes Tun, Dulden oder Unterlassen, das zu einer Gegenleistung führt. Die Gegenleistung kann auch in Sachwerten erfolgen. Dies ist im Falle von Proof of Stake der Fall. Der Staker stellt Coins zur Verfügung und erhält dafür im Falle des Erfolgs einen Ertrag zugerechnet.

Folglich können die Erträge aus Staking als Einkünfte aus sonstigen Leistungen qualifiziert werden.

### 3. Besteuerung

#### a) Einkünfte aus Staking

Eine Besteuerung der Einkünfte als sonstige Einkünfte erfolgt mit dem persönlichen Steuersatz. Bei den sonstigen Einkünften besteht eine Freigrenze von 256,00 €. Wird diese Grenze überschritten, werden alle Einkünfte aus dem Staking steuerpflichtig.

Die Herausforderung besteht darin, jeweils zum Zeitpunkt der Gutschrift in der Wallet oder auf der Exchange den jeweiligen erhaltenen Wert zu dokumentieren.

#### b) Einkünfte aus der Veräußerung der gestakten Coins?

Im Rahmen des Staking ist nicht nur die Frage zu stellen, wie die Erträge aus der Hingabe von Coins zu besteuern sind, sondern auch ob aus dem Verkauf der erhaltenen Coins eine weitere Steuerlast entsteht.

Hier kann z.B. eine Besteuerung im Rahmen der einjährigen **Spekulationsfrist** wie bei den Einkünften aus Trading-Tätigkeit in Frage kommen. Dies ist jedoch nicht der Fall, da die privaten Veräußerungsgeschäfte einen entgeltlichen Anschaffungsvorgang benötigen. Die Coins werden jedoch nicht im Rahmen eines Anschaffungsgeschäfts erworben, sondern sind Ertrag aus der Tätigkeit. Ähnlich wie bei Zinsen oder Dividendenerträgen sind die Erträge bereits durch die Besteuerung der Einkünfte besteuert und müssen nicht erneut besteuert werden.

---

30 § 20 Abs. 1 Nr. 7 EStG.

31 § 22 Nr. 3 EStG.

### c) Verlängerung der Haltefrist auf 10 Jahre?

Dieser Punkt wird oft diskutiert und kann zu einer erheblichen Verschärfung führen. In der Vorschrift zur Besteuerung von Spekulationsgewinnen besteht eine Regelung[32], wonach bei Wirtschaftsgütern, welche in mindestens einem Jahr Einkünfte erzielt haben, sich deren Haltefrist auf 10 Jahre verlängert.

Ist diese Regelung auch beim Staking analog anzuwenden? Ich meine Nein. Diese Verlängerung wurde in das Gesetz aufgrund eines speziellen Steuersparmodells (Containerleasingmodelle) aufgenommen. Bei einer Normauslegung muss man zum Ergebnis kommen, dass dies nicht auf Kryptogeschäfte übertragbar ist. Allerdings ist diese Rechtsauffassung von der Finanzverwaltung bisher weder bestätigt noch abgelehnt worden.

**Steuertipp!**

Will man angeschaffte Coins zum Staking nutzen und hatte man diese zu einem geringen Kurs erworben, so würde man riskieren, dass der bisherige Wertzuwachs in eine 10-jährige Haltefrist hineinfällt. Besser ist es kurz vor dem Staking entsprechende Coins zu verkaufen und zu stakende Coins neu anzuschaffen. Bei Coins, bei denen die einjährige Haltefrist bereits abgelaufen ist, entsteht durch den Verkauf keine Steuer. Der Vorteil ist aber, dass die neu angeschafften Coins, nun mit hohen Anschaffungskosten in die 10-jährige Haltefrist laufen.

Hier ist allerdings darauf hinzuweisen, dass die Grenzen zur unerlaubten Steuergestaltung nicht klar festgelegt sind und die Finanzverwaltung eine solche annehmen könnte. Allerdings entstehen auch keine Nachteile, wenn man zunächst eine günstige Rechtsauffassung vertritt.

## 4. Zusammenfassung

| | |
|---|---|
| **Tätigkeit** | Staking |
| **Finanzverwaltung** | – |
| **Weitere Quellen** | – |
| **Rechtsgrundlage** | § 20 EStG, § 22 EStG |
| **Besteuerung Ertrag** | Sonstige Einkünfte gem. § 22 Nr. 3 EStG |
| **Freigrenze/Freibetrag** | 256,00 € Freigrenze |

32 § 23 Abs. 1 Satz 1 Nr. 2 Satz 4 EStG.

| | |
|---|---|
| **Besteuerung Vermögen** | Privates Veräußerungsgeschäft bei Verkauf der gestakten Coins innerhalb der Haltefrist von einem Jahr. Nach Ablauf der Haltefrist steuerfrei. |
| **Verlustnutzung** | Sonstige Einkünfte: Verrechnung mit Gewinnen derselben Einkunftsart |
| **Besonderheiten** | Etwaiges Risiko für Verlängerung der Haltefrist auf 10 Jahre. |

## D. Besteuerung von Forks

### 1. Überblick

Vor dem Lesen dieses Kapitels zur steuerlichen Behandlung von Forks kann es für das Verständnis hilfreich sein, nochmal im Kapitel II. Definitionen sich mit der Thematik soft und hard forks auseinander zu setzen. Wie dort beschrieben bekommt jeder Eigentümer einer Kryptowährung im Zeitpunkt des Forks jeweils zusätzlich eine entsprechende Anzahl der neu entstehenden Kryptowährung. So bekam z.B. 2017 jeder, der einen Bitcoin besaß, zusätzlich einen entsprechenden Betrag an Bitcoin Cash.

### 2. Bestimmung der Einkunftsart

Eine steuerpflichtige Schenkung kann hier ausgeschlossen werden, da insbesondere kein Schenker vorhanden ist.

Auch eine Besteuerung im Rahmen von sonstigen Einkünften[33] im Sinne eines Tun, Unterlassens oder Duldens scheidet aus, da der Empfänger des geforkten Coins nicht in irgendeiner Weise eine Handlung vollzogen hat.

Meines Erachtens sollten hier die steuerlichen Regelungen analog für Aktiensplits herangezogen werden. Eine unmittelbare Anwendung scheitert, da Kryptowährungen nicht den Einkünften aus Kapitalvermögen nach § 20 EStG unterliegen.

### 3. Besteuerung

Entsprechend den Regelungen für einen Aktiensplit bleiben die Anschaffungskosten der ursprünglich erworbenen Kryptowährung unverändert. Die Anschaffungskosten der hinzugekommenen Kryptowährung entsprechen dem Wert im Zeitpunkt des Forks.

33 § 22 Nr. 3 EStG.

Der Anschaffungszeitpunkt der ursprünglich gekauften Kryptowährung verändert sich nicht. Aber auch der Anschaffungszeitpunkt der hinzukommenden Kryptowährung entspricht dem Anschaffungszeitpunkt der ursprünglich erworbenen Kryptowährung (Fußstapfentheorie). Insbesondere beginnt also auch keine neue Frist für die Beurteilung von Spekulationsgewinnen zu laufen.

Das folgende Beispiel dient rein der Veranschaulichung der Besteuerungsmethodik. Die tatsächliche Werteentwicklung beider Coins nach einem Fork kann natürlich ganz anders verlaufen.

| **Beispiel:** |
| --- |
| A kauft 01.05.01 2 Bitcoins zum Preis von je 1.000 € (= insgesamt 2.000 €). Am 01.04.02 findet ein Fork statt. Dabei erhält A zusätzlich 2 Bitcoin Cash zum Wert von je 600 € (= insgesamt 1.200 €). Zum Zeitpunkt des Forks betrug der Wert eines Bitcoins 1.500 €. Am 01.09.02 verkauft A seine 2 Bitcoins für insgesamt 2.000 € und die 2 Bitcoin Cash für insgesamt 800 €. |

| **Lösung:** |
| --- |
| Danach betragen die Anschaffungskosten für die Bitcoins je 1.000 € und die Anschaffungskosten der Bitcoin Cash je 600,00 €. Als Anschaffungszeitpunkt gilt für beide Coins der 01.05.01, insbesondere also auch für die neu hinzugekommenen Bitcoin Cash. Demnach konnte A seine Coins am 01.09.02 komplett steuerfrei verkaufen. Die Spekulationsfrist für beide Coins war abgelaufen, da auf den ursprünglichen Anschaffungszeitpunkt abgestellt werden konnte. |

## 4. Zusammenfassung

| **Tätigkeit** | Fork |
| --- | --- |
| **Finanzverwaltung** | – |
| **Weitere Quellen** | – |
| **Rechtsgrundlage** | – |
| **Besteuerung Ertrag** | Keine Besteuerung des Forks |
| **Freigrenze/Freibetrag** | – |
| **Besteuerung Vermögen** | Privates Veräußerungsgeschäft bei Verkauf der aus dem Fork erhaltenen Coins innerhalb der Haltefrist von einem Jahr.<br>Nach Ablauf der Haltefrist steuerfrei. |

| | |
|---|---|
| **Verlustnutzung** | Sonstige Einkünfte: Verrechnung mit Gewinnen derselben Einkunftsart |
| **Besonderheiten** | - |

# E. Besteuerung Ausgabe, Einnahmen aus und Handel mit Token

## 1. Überblick

In den bisherigen Betrachtungen ging es immer um die steuerliche Beurteilung von geminten Coins. Im Folgenden geht es um die Behandlung ausgegebener Tokens. Dabei soll die Besteuerung aus Sicht des emittierenden Unternehmens und des Investors gegenübergestellt werden.

## 2. Besteuerung aus Sicht des emittierenden Unternehmens

### a) Ausgabe von Utility-Token

Wie zuvor im Kapitel II. Q. beschrieben, handelt es sich bei den reinen Utility-Tokens um quasi digitale Gutscheine, welche beim emittierenden Unternehmen eingelöst werden können. Die Einnahmen aus der Ausgabe von Utility-Token stellen daher einen Umsatz des Unternehmens dar, da es sich um eine Leistung handelt. Die Erträge unterliegen im Unternehmen folglich der Körperschaft- und Gewerbesteuer.

Sofern es sich um eine Leistung handelt, ist auch immer die Beurteilung vorzunehmen, ob es sich um einen umsatzsteuerpflichtigen Umsatz handelt. Von der Umsatzsteuer befreit sind nach Ansicht des Bundesfinanzministeriums nur Coins und Tokens mit Zahlungsmittelfunktion. Dies ist jedoch bei reinen Utility-Tokens nicht der Fall. Daher ist grds. von einer Pflicht zur Umsatzbesteuerung auszugehen.

Durch die europäische Richtlinie hinsichtlich der Behandlung von Gutscheinen[34] ist zwischen Ein- und Mehrzweckgutscheinen zu unterscheiden. Konkretisiert der Gutschein eine Leistung in einer Art und Weise, sodass bei der Ausgabe bereits feststeht, für welches Produkt er genutzt werden kann, so handelt es sich um einen **Einzweckgutschein**. Bei diesen Gutscheinen gilt bereits die Ausgabe als umsatzsteuerbare Leistung mit dem jeweiligen für das Produkt geltenden Umsatzsteuersatz.

Handelt es sich hingegen um einen Gutschein, bei welchem im Zeitpunkt der Ausgabe noch nicht bekannt ist für welches Produkt oder Leistung der Gutschein eingesetzt wird, so handelt es sich um einen **Mehrzweckgutschein**. In diesem Fall ist erst bei

34 Richtlinie (EU) 2016/1065 des Rates vom 27.06.2016 zur Änderung der Richtlinie 2006/112/EG.

der Annahme des Gutscheins die Gegenleistung mit Umsatzsteuer zu belegen. Das gilt jedoch nicht, wenn zwar mehrere Produkte oder Leistungen in Anspruch genommen werden können, aber alle mit z.B. 19 % Umsatzsteuer belegt sind. Denn dann stehen Ort und geschuldete Umsatzsteuer bereits von vorneherein fest.

**Steuertipp!**

Da bekannt ist, wie die Beurteilung für die Umsatzsteuer erfolgt, kann je nach Ausgestaltung des Tokens durch den Emittenten die Umsatzsteuer vermieden und so auf den Einlösungszeitpunkt verschoben werden.

### b) Ausgabe von Currency-Token

Handelt es sich bei dem ausgegebenen Currency-Token um einen reinen Bezahl-Token und um keinen hybriden Token mit Zusatzfunktionen, so stellen die Zahlungen an das emittierende Unternehmen eine Förderung des Unternehmens dar, ohne dass der Investor einen Anspruch auf eine Gegenleistung erwirbt.

Die so erzielten Einnahmen des Emittenten stellen Einkommen des Unternehmens dar und sind daher steuerlich als Einkünfte zu berücksichtigen. Die Einkünfte unterliegen wie beim Utility-Token der Körperschaft- und Gewerbesteuer.

Die Umsatzsteuer bleibt dem emittierenden Unternehmen allerdings erspart, da keine Gegenleistung vorhanden ist. Insofern ist der Currency-Token steuerlich dem Utility-Token überlegen, da weniger Steuer anfällt.

### c) Ausgabe von Security-Token

Der Security-Token kann wie in Kapitel II. O. dargestellt verschiedene Rechte haben und damit verschiedenen mehr oder minder strengen Regularien unterliegen. Daher kann der Token auf Eben des emittierenden Unternehmens auch verschiedene Formen annehmen. Das eingenommene Kapital kann Eigenkapital oder Fremdkapital oder aber auch zu erfassender Ertrag sein. Im Falle von Eigen- oder Fremdkapital ist der Ausgabevorgang auf Ebene des emittierenden Unternehmens steuerfrei. Lediglich bei der ertragswirksamen Vereinnahmung entsteht Körperschaft- und Gewerbesteuer. Genau das macht diese Tokens so attraktiv für den Emittenten.

### d) Gegenüberstellung

Zusammenfassend sollen die steuerlichen Wirkungen in der folgenden Tabelle transparent gegenübergestellt werden.

| | Ausgabe-volumen | Körper-schaft-steuer | Gewerbe-steuer | Umsatz-steuer | Einnahme nach Besteuerung |
|---|---|---|---|---|---|
| **Ausgabe Utility-Token** | 1,0 Mio. € | 15 % | 15 % | 19 % | 510 T€ |
| **Ausgabe Currency-Token** | 1,0 Mio. € | 15 % | 15 % | 0 % | 700 T€ |
| **Ausgabe Security-Token** | 1,0 Mio. € | 0 % | 0 % | 0 % | 1,0 Mio. € |

Man sieht an dieser Gegenüberstellung sehr gut wie höchst unterschiedlich die Token auf Ebene des emittierenden Unternehmens besteuert werden können. Letztlich sind die regulatorischen Anforderungen an einen Security-Token am höchsten und führen im Vorfeld sicherlich zum höchsten Beratungsaufwand, aber es verbleibt auch am meisten Liquidität im Unternehmen.

## 3. Besteuerung aus Sicht des Investors

### a) Entgeltlich erworbene Utility-Token und Currency-Token

Bei der Investition in Utility- oder Currency-Token werden keine laufenden Einkünfte erzielt. Lediglich aus einem Verkauf der jeweiligen Token kann ein Gewinn oder Verlust durch einen höheren oder niedrigeren Kurs im Vergleich zum Zeitpunkt des Kaufs entstehen. Insofern handelt es sich bei den Einkünften nicht um solche aus Kapitaleinkünften, sondern um solche aus privaten Veräußerungsgeschäften, wenn zwischen An- und Verkauf weniger als ein Jahr liegt.

Die Rechtsfolgen entsprechen den gleichen wie bei den bereits beschriebenen Einkünften aus dem Trading von Coins. Es kann vollinhaltlich auf diesen Bereich verwiesen werden.

### b) Entgeltlich erworbene Security-Token

#### (1) Laufende Einkünfte

Werden die entgeltlich erworbenen Security-Token im Privatvermögen gehalten und generieren diese Token laufende Einkünfte z.B. aus Beteiligung am Gewinn oder Zinsen, so handelt es sich dabei um Einkünfte aus Kapitalvermögen gem. § 20 EStG. Es ist nicht von Belang, welcher Art die Einkünfte sind. Egal ob die Auszahlung in Fiat-Währung, in Coins, Token oder Sachleistungen erfolgen, es handelt sich um steuerpflichtige Einkünfte aus Kapitalvermögen.

§ 20 EStG unterscheidet zwischen verschiedenen Arten von Kapitaleinkünften. Will man festlegen, nach welcher Vorschrift eine Besteuerung stattfinden soll, so muss der jeweilige Token dahingehend analysiert werden, welcher Geldanlage er in der nicht digitalisierten Welt entspricht.

Schwierigkeiten in der steuerrechtlichen Einordnung können sich ergeben, wenn die Erträge fix sind und in Form einer Kryptowährung zufließen. § 20 Abs. 1 Nr. 7 EStG fordert eine auf eine Geldleistung gerichtete Forderung. Kryptowährungen sind jedoch nicht als Geld anerkannt, sondern werden als Rechnungseinheit qualifiziert. Damit liegt eine Sachleistung vor. Das bedeutet jedoch nicht, dass keine Besteuerung stattfindet. In diesem Fall erfolgt die Besteuerung als sonstige Einkünfte gem. § 22 Nr. 3 EStG.

Insbesondere können daher folgende Einkünfte unterschieden werden:

| Art der Einkünfte | Token entspricht |
|---|---|
| **§ 20 I Nr. 1 EStG** – Gewinnanteile und Dividenden wenn Recht am Gewinn und Liquidationserlös besteht | Aktien, Genussrecht |
| **§ 20 I Nr. 4 EStG** – Einnahmen aus Beteiligungen an einem Handelsgewerbe, wenn Vergütung teilweise variabel ist | Stille Gesellschaft, partiarisches Darlehen, stille Beteiligung |
| **§ 20 I Nr. 7 EStG** – Kapitalerträge aus sonstigen Kapitalforderungen (Auffangvorschrift) | Darlehen, Genussrecht (wenn keine Beteiligung am Liquidationserlös), Anleihe |
| **§ 22 Nr. 3 EStG** – Sonstige Einkünfte, wenn Vergütung als Sachleistung erfolgt | Tun, Dulden oder Unterlassen gegen Entgelt |

Sind die Einkünfte vergleichbar mit Einkünften aus Gewinnausschüttungen bzw. Dividenden, unterliegen dieser der **Abgeltungssteuer** von 25 % zzgl. 5 % Solidaritätszuschlag. Es besteht jedoch auch die Möglichkeit auf Antrag zur Besteuerung nach dem normalen Steuertarif zu wechseln. Im Falle der Abgeltungssteuer, ist das emittierenden Unternehmen dazu verpflichtet Kapitalertragsteuer einzubehalten.

Handelt es sich um andere Kapitaleinkünfte, erfolgt die Besteuerung nach dem normalen Steuertarif.

### (2) Verkauf von Security-Token

Der Verkauf von Security-Token erfolgt nicht im Rahmen von privaten Veräußerungsgeschäften wie beim Trading von Coins oder Utility- oder Currency-Token. Der Verkauf wird auch als Einkünfte aus Kapitalvermögen[35] erfasst.

Veräußerungsgewinne oder Veräußerungsverluste ergeben sich wie folgt:

| | |
|---|---|
| | Veräußerungspreis |
| ./. | Aufwendungen in direktem Zusammenhang mit der Veräußerung |
| ./. | Anschaffungskosten |
| ./. | Anschaffungsnebenkosten |
| **=** | **Veräußerungsgewinn bzw. Veräußerungsverlust** |

Wurden die Token in mehreren Schritten erworben, soll nach Ansicht der Finanzverwaltung auch hier die sog. FiFo-Methode (First in First out) zur Anwendung kommen, wenn man nicht (z.B. mittels Trennung von Wallets) nachweisen kann, welchen Token man tatsächlich verkaufen möchte.

Bei den Einkünften aus Kapitalvermögen wird zusätzlich ein Sparer-Pauschbetrag in Höhe von 801,00 €[36] gewährt.

Ist man als Investor in den letzten 5 Jahren zu mindestens 1 % am emittierenden Unternehmen beteiligt gewesen, unterstellt das Einkommensteuergesetz, dass die Einkünfte aus der Veräußerung zu den Einkünften aus Gewerbebetrieb zugerechnet werden[37]. In diesem Fall erfolgt die Ermittlung des Veräußerungsgewinns analog der Berechnung bei den Einkünften aus Kapitalvermögen. Es erfolgt jedoch noch ein Abzug des Freibetrag von derzeit 9.060 €. Dieser Freibetrag verringert sich jedoch um den Betrag, um den der Veräußerungsgewinn 36.100 € übersteigt. Beide Beträge gelten anteilmäßig je nach Beteiligungshöhe.

Der Gewinn unterliegt dem Teileinkünfteverfahren, weshalb dieser mit 60 % in die Besteuerung mit eingeht.

**Beispiel:**

A ist als Investor an dem X-Token beteiligt. Bei dem X-Token handelt es sich um einen Security-Token welcher als Wertpapier ausgestaltet ist. Der X-Token wurde von A zu einem Preis von 100 € je Token erworben. Insgesamt hat A 1.000 Token gekauft. Insgesamt wurden 20.000 Token ausgegeben. A verkauft zu einem Kurs von 120 € je Token. Beim An- und Verkauf sind jeweils vereinfacht unterstellt 500 € Gebühren angefallen.

35 § 20 Abs. 2 EStG.

36 § 20 Abs. 9 EStG.

37 § 17 Abs. 1 S. 1 EStG.

| **Lösung:** |
|---|
| A ist am Unternehmen zu 5 % und damit wesentlich (> 1 %) beteiligt. Die Einkünfte sind als solche aus Gewerbetrieb zu behandeln.<br>Der Veräußerungsgewinn ermittelt sich wie folgt: |

| | | | |
|---|---|---|---|
| Veräußerungspreis 1.000 × 120 € = | | | 120.000 € |
| ./. Aufwendungen beim Verkauf | | | – 500 € |
| ./. Anschaffungskosten | | | – 100.000 € |
| ./. Anschaffungsnebenkosten | | | – 500 € |
| **= vorläufiger Gewinn** | | | **19.000 €** |
| davon steuerpflichtig 60 % | | | 11.400 € |
| ./. Freibetrag (5 %) | | – 453 € | |
| Anteil Kürzungsbetrag (5 %) | 1.805 € | | |
| ./. Veräußerungsgewinn | – 11.400 € | | |
| Kürzungsbetrag (maximaler Freibetrag) | – 9.595 € | – 453 € | |
| Endgültiger Freibetrag | | | 0 € |
| **= Endgültiger Gewinn** | | | **11.400 €** |

Entsteht ein Verlust aus dem Verkauf, so ist in Bezug auf die Verlustverwendung insbesondere zu beachten, dass positive und negative Kapitaleinkünfte grundsätzlich im laufenden Jahr zwar miteinander verrechnet werden können. Verbleiben hiernach Verluste, dürfen diese aber nicht mit Einkünften aus anderen Einkunftsarten ausgeglichen werden. Der Gesetzgeber lässt lediglich den Verlustvortrag innerhalb der Einkunftsart zu. Auch ein Verlustrücktrag ist ausgeschlossen.

Das Verlustverrechnungsverbot gilt nur dann nicht, wenn ein Antrag auf Günstigerprüfung gestellt wurde und sämtliche Kapitalerträge mit der tariflichen Einkommensteuer versteuert werden.

## 4. Zusammenfassung

| | |
|---|---|
| **Tätigkeit** | Ausgabe von Tokens |
| **Finanzverwaltung** | – |
| **Weitere Quellen** | – |
| **Rechtsgrundlage** | § 8 Abs. 1 KStG, § 7 GewStG jeweils i.V.m. EStG |

| | |
|---|---|
| **Besteuerung Ertrag** | Utility-Token – Körperschaft-, Gewerbe- und Umsatzsteuer<br>Currency-Token – Körperschaft- und Gewerbesteuer<br>Security-Token – Körperschaft- und Gewerbesteuer<br>(je nach Ausgestaltung; Steuerfrei bei Eigen- oder Fremdkapital |
| **Freigrenze/Freibetrag** | - |
| **Besteuerung Vermögen** | - |
| **Verlustnutzung** | - |
| **Besonderheiten** | Eventuell Einbehaltungsverpflichtung für Kapitalertragsteuer der Anleger. |

| | |
|---|---|
| **Tätigkeit** | Einkünfte aus und Handel mit Tokens |
| **Finanzverwaltung** | - |
| **Weitere Quellen** | - |
| **Rechtsgrundlage** | § 20 EStG |
| **Besteuerung Ertrag** | **§ 20 Abs. Nr. 1 EStG** – Gewinnanteile und Dividenden wenn Recht am Gewinn **und** Liquidationserlös besteht<br>**§ 20 Abs. Nr. 4 EStG** – Einnahmen aus Beteiligungen an einem Handelsgewerbe wenn Vergütung teilweise variabel ist<br>**§ 20 Abs. Nr. 7** – Kapitalerträge aus sonstigen Kapitalforderungen (Auffangvorschrift)<br>**§ 22 Nr. 3 EStG** – Sonstige Einkünfte, wenn Vergütung als Sachleistung erfolgt<br>Abgeltungssteuer von 25% zzgl. 5 % Solidaritätszuschlag bei Einkünften aus Dividenden und Gewinnausschüttungen (auf Antrag nach Tarif) |
| **Freigrenze/Freibetrag** | Sparerfreibetrag bei Einkünften aus Kapitalvermögen 801,00 €<br>Freibetrag bei Einkünften gem. § 17 EStG 9.060,00 € (Verminderung um Gewinn > 36.100,00 €) |
| **Besteuerung Vermögen** | § 20 Abs. 2 EStG oder<br>§ 17 Abs. 1 S. 1 EStG wenn Beteiligung > 1 % |

| | |
|---|---|
| **Verlustnutzung** | Innerhalb der Einkünfte aus Kapitalvermögen oder auch mit anderen Einkünften, wenn Besteuerung nach Tarif erfolgt. |
| **Besonderheiten** | - |

# F. Besteuerung von Airdrops

## 1. Überblick

Bislang kann zur Frage der Besteuerung Airdrops auf keine gesicherte Rechtsmeinung der Finanzverwaltung zurückgegriffen werden. Insofern sollen im Folgenden die Möglichkeiten der Besteuerung gegenübergestellt und gegeneinander abgewogen werden. Welche Rechtsauffassung sich schließlich durchsetzen wird bzw. welche Besteuerung seitens der Finanzverwaltung als die richtige angesehen wird, bleibt abzuwarten.

## 2. Bestimmung der Einkunftsart

### a) Einkünfte aus Kapitalvermögen

In Frage kommt die Besteuerung im Rahmen der Einkünfte aus Kapitalvermögen[38]. Dazu müsste man jedoch die Zuteilung der Coins unter einer der dort genannten Einkunftsarten fassen können. Das scheint hier jedoch nicht der Fall zu sein. Z.B. handelt es sich bei den Airdrop-Coins nicht um Einkünfte aus Unternehmensanteilen, wie z.B. Dividenden oder Einkünften aus Kapitalforderungen.

### b) Sonstige Einkünfte

Hier kommt die Besteuerung als Einkünfte aus Leistungen[39] in Betracht. Eine sonstige Leistung ist jedes Tun, Dulden oder Unterlassen, das weder eine Veräußerung noch einen veräußerungsähnlichen Vorgang betrifft, Gegenstand eines entgeltlichen Vertrags sein kann und eine Gegenleistung auslöst.

Diese Rechtsvorschrift kann aber nicht dazu führen, dass generell alles was nicht einer anderen Vorschrift zugeordnet werden kann, hiervon erfasst wird. Nicht jede denkbare Vermögensmehrung ist zu besteuern. Diese Vorschrift ergänzt lediglich die bestehenden Besteuerungsvorschriften.

Unter diesem Aspekt scheitert meines Erachtens die Erfassung von Airdrop-Coins als Leistung im Sinne dieser Vorschrift, wenn man das Beispiel der automatisiert zugewie-

38 § 20 EStG.

39 § 22 Nr. 3 EStG.

senen Coins nimmt. Eine Leistung des Empfängers der Coins ist in diesen Fällen nicht zu erkennen.

Anders bei den Coins bei denen tatsächlich zunächst eine Art Leistung zu erbringen ist und dann manuell zugewiesen werden. Also z.B. für Likes, Shares, Tweets usw. In diesem Fall wird tatsächlich eine Leistung erbracht.

### c) Schenkung

Sofern es sich um keinen steuerpflichtigen Ertrag im Sinne des Einkommensteuerrechts handelt, könnte jedoch letztlich doch noch eine Steuerpflicht anzunehmen sein, wenn man eine Schenkung annehmen kann. Jedoch ist nicht jede unentgeltliche Übertragung gleichbedeutend mit einer steuerpflichtigen Schenkung. Eine steuerpflichtige Zuwendung liegt nur dann vor, wenn der Beschenkte auf Kosten des Schenkers bereichert wird[40]. Dies setzt voraus, dass:

- objektiv gesehen, eine Bereicherung des Bedachten auf Kosten des Zuwendenden und
- subjektiv gesehen, ein Wille zur Unentgeltlichkeit vorhanden ist.

Die Zuteilung der Airdrop-Coins erfolgt bei der automatisierten Zuteilung aus Sicht des emittierenden Unternehmens in der Regel aus betrieblichen Gründen. Es fehlt damit an einer Bereicherungsabsicht des Zuwendenden.

Darüber hinaus wäre wohl die Frage zu diskutieren, ob auf Ebene des emittierenden Unternehmens zu irgendeinem Zeitpunkt überhaupt ein Vermögensgegenstand vorgelegen hat, welcher zu einem Abfluss geführt hat. Oder ist es vielmehr so, dass der Airdrop-Coin wirtschaftlich gesehen erst mit der Gutschrift in der Wallet des Empfängers erst entsteht.

Ohnehin dürfte die Diskussion um eine Schenkungsteuer angesichts des wohl in der Regel geringen Werts der Airdrop-Coins im Zeitpunkt der Ausgabe eher eine akademische Diskussion sein. Eine Steuer dürfte hier nicht entstehen.

### d) Privates Veräußerungsgeschäft

Im Kapitel a)–c) geht es um die Beurteilung des Zuflusses von Airdrop-Coins. Es muss aber auch die Frage beantwortet werden, was steuerlich passiert, wenn diese Coins später verkauft werden. Hier könnte eine Besteuerung im Rahmen der privaten Veräußerungsgeschäfte in Betracht kommen.

---

40 § 7 Abs. 1 Nr. 1 ErbStG.

Allerdings ist Voraussetzung dafür, dass ein Anschaffungsvorgang vorangegangen ist. Unter Anschaffung ist ein entgeltlicher Erwerb von einem Dritten zu verstehen. Bei einem Airdrop werden die Coins jedoch unentgeltlich erworben. Für solche unentgeltlichen Erwerbe ist vorgesehen, dass dem sog. Einzelrechtsnachfolger (dem Erwerber) für Zwecke der Besteuerung die Anschaffung des Rechtsvorgängers (emittierendes Unternehmen) zuzurechnen sind. Auch das hilft hier aber nicht weiter, da auch hier keine Anschaffung stattgefunden hat. Die Coins wurden vielmehr selbst hergestellt bzw. erzeugt. Damit sind die Erträge aus Airdrops auf Vermögensebene nicht steuerbar.

## 3. Besteuerung

Eine Besteuerung ist bei den Airdrop-Coins ohne jegliche Gegenleistung – eine profiskalische Sichtweise unterstellt – eigentlich nur unter Regime der sonstigen Einkünfte möglich.

Danach würden nach Überschreiten der dort geltenden Freigrenze von 256,00 € alle zugeflossenen Airdrop-Coins mit ihrem Wert im Zeitpunkt des Zuflusses steuerpflichtig werden. Also auch die Einkünfte bis 256,00 €, da es sich nur um eine Freigrenze und keinen Freibetrag handelt. Die Besteuerung erfolgt mit dem persönlichen Steuersatz.

Bei den **Airdrop-Coins mit Gegenleistung** erfolgt in jedem Fall eine Besteuerung als sonstige Einkünfte.

## 4. Zusammenfassung

| **Tätigkeit** | Airdrop |
|---|---|
| **Finanzverwaltung** | – |
| **Weitere Quellen** | – |
| **Rechtsgrundlage** | § 20 EStG, § 22 EStG, § 7 ErbStG |
| **Besteuerung Ertrag** | Sonstige Einkünfte gem. § 22 Nr. 3 EStG bei Gegenleistung |
| **Freigrenze/Freibetrag** | 256,00 € Freigrenze |
| **Besteuerung Vermögen** | – |
| **Verlustnutzung** | Sonstige Einkünfte: Verrechnung mit Gewinnen derselben Einkunftsart |
| **Besonderheiten** | – |

# G. Besteuerung von Lending

## 1. Überblick

Das Thema des Lending wurde seitens der Finanzverwaltung noch nicht aufgegriffen. Allerdings sollte es bei der steuerlichen Einordnung nicht zu großen Problemen führen, wie die Tätigkeit zu besteuern ist.

## 2. Bestimmung der Einkunftsart

### a) Lending als Einkünfte aus Kapitalvermögen?

Es könnte sich bei den Erträgen aus Lending um Einkünfte aus Kapitalvermögen handeln. In Frage kommen die Erträge aus sonstigen Kapitalforderungen[41]. Der Teilnehmer stellt seine Krypto-Coins als Vermögenswert zur Verfügung und erhält dafür eine Vergütung.

Allerdings ist es bei den sonstigen Kapitalerträgen so, dass die Kapitalforderung auf eine Geldleistung (insbesondere gesetzliches Zahlungsmittel) gerichtet sein muss[42]. Erfolgt die Vergütung in Form von Zinsen jedoch wiederum in Kryptowährungen, so ist festzustellen, dass es sich dabei nicht um Geld, sondern um eine Rechnungseinheit handelt. Damit liegt eine Sachleistung vor. Folglich scheiden Einkünfte aus Kapitalvermögen aus.

### b) Lending als sonstige Einkünfte?

Als Auffangtatbestand verbleiben daher nur Einkünfte aus sonstigen Leistungen[43]. Darunter fällt jedes Tun, Dulden oder Unterlassen, dass zu einer Gegenleistung führt. Die Gegenleistung kann auch in Sachwerten erfolgen. Dies ist im Falle von Lending der Fall. Der Kreditgeber stellt seine Coins zur Verfügung und erhält dafür im Falle des Erfolgs einen Ertrag zugerechnet.

## 3. Besteuerung

Eine Besteuerung der Einkünfte als sonstige Einkünfte erfolgt mit dem persönlichen Steuersatz. Bei den sonstigen Einkünften besteht eine Freigrenze von 256,00 €. Wird diese Grenze überschritten werden alle Einkünfte aus dem Lending steuerpflichtig.

---

41 § 20 Abs. 1 Nr. 7 EStG.

42 § 20 Abs. 1 Nr. 7 EStG.

43 § 22 Nr. 3 EStG.

### a) Einkünfte aus der Veräußerung der erhaltenen Coins?

Im Rahmen des Lending ist nicht nur die Frage zu stellen, wie die Erträge aus der Hingabe von Coins zu besteuern sind, sondern auch, ob aus dem Verkauf der erhaltenen Coins eine weitere Steuerlast entsteht.

Hier kann z.B. eine Besteuerung im Rahmen der einjährigen Spekulationsfrist wie bei den Einkünften aus Trading-Tätigkeit in Frage kommen. Dies ist jedoch nicht der Fall, da die privaten Veräußerungsgeschäfte einen entgeltlichen Anschaffungsvorgang benötigen. Die Coins werden jedoch nicht im Rahmen eines Anschaffungsgeschäfts erworben, sondern sind Ertrag der Tätigkeit.

### b) Verlängerung der Haltefrist auf 10 Jahre?

Dieser Punkt wird im Rahmen des Staking oft diskutiert. Da die Tätigkeiten bei Staking und Lending sehr ähnlich sind, muss dieser Punkt auch hier diskutiert werden und kann zu einer erheblichen Verschärfung führen.

In der Vorschrift zur Besteuerung von Spekulationsgewinnen steht eine Regelung[44], wonach bei Wirtschaftsgütern, welche in mindestens einem Jahr Einkünfte erzielt haben, sich deren Haltefrist auf 10 Jahre verlängert. Ist diese Regelung auch beim Lending analog anzuwenden? Ich meine Nein. Diese Verlängerung wurde in das Gesetz aufgrund eines speziellen Steuersparmodells (Containerleasingmodelle) aufgenommen. Bei einer Normauslegung muss man zum Ergebnis kommen, dass dies nicht auf Kryptogeschäfte übertragbar ist. Leider ist diese Rechtsauffassung von der Finanzverwaltung bisher weder bestätigt noch abgelehnt worden.

**Steuertipp!**

Will man angeschaffte Coins zum Lending nutzen und hatte man diese zu einem geringen Kurs erworben, so würde man riskieren, dass der bisherige Wertzuwachs in eine 10-jährige Haltefrist hinein läuft. Besser ist es dann, kurz vor dem Leding entsprechende Coins zu verkaufen und die für die Kreditvergabe vorgesehenen Coins neu anzuschaffen. Dies macht Sinn, wenn die einjährige Haltefrist bereits abgelaufen ist. In diesem Fall würden – bei entsprechender Sichtweise – nur die neu angeschafften Coins in die 10-jährige Haltefrist laufen. Dies aber mit hohen Anschaffungskosten.

44 § 23 Abs. 1 Satz 1 Nr. 2 Satz 4 EStG.

### 4. Zusammenfassung

| | |
|---|---|
| **Tätigkeit** | Lending |
| **Finanzverwaltung** | - |
| **Weitere Quellen** | - |
| **Rechtsgrundlage** | § 20 EStG, § 22 EStG |
| **Besteuerung Ertrag** | Sonstige Einkünfte gem. § 22 Nr. 3 EStG |
| **Freigrenze/Freibetrag** | 256,00 € Freigrenze |
| **Besteuerung Vermögen** | Privates Veräußerungsgeschäft bei Verkauf der verliehenen Coins innerhalb der Haltefrist von einem Jahr. Nach Ablauf der Haltefrist steuerfrei. |
| **Verlustnutzung** | Sonstige Einkünfte: Verrechnung mit Gewinnen derselben Einkunftsart |
| **Besonderheiten** | Etwaiges Risiko für Verlängerung der Haltefrist auf 10 Jahre. |

## H. Besteuerung von Lohnzahlungen in Kryptowährungen

### 1. Überblick

Bei den bisherigen Betrachtungen ging es vorwiegend um Handels- oder Investmenttätigkeiten und deren Besteuerung. Was ist jedoch, wenn man als Vergütung für seine Arbeitskraft nicht wie üblich in Geld, sondern in Kryptowährungen bezahlt wird? Entweder vollständig oder auch nur zum Teil. Ist dies überhaupt zulässig?

Die Frage der Zulässigkeit kann hier nicht erschöpfend erörtert werden, da dieses Thema einer arbeitsrechtlichen Beurteilung Bedarf zu welcher er es soweit ersichtlich heute noch keine Rechtsprechung gibt und auch nur wenig Literatur.

Grundsätzlich kann gesagt werden, dass Arbeitsentgelt in Euro zu berechnen und auszuzahlen ist[45]. Teilweise kann der Lohn in Euro durch Sachbezüge ersetzt werden, wenn sie dem Interesse des Arbeitnehmers oder der Eigenart des Arbeitsverhältnisses entsprechen[46].

Gleichzeitig wird der Anteil des Naturallohns am Gesamtlohn dahingehend begrenzt, dass dem Arbeitnehmer der unpfändbare Teil seines Arbeitseinkommens zwingend in Geld auszuzahlen ist. Zudem müsste der teilweise Ersatz des Lohnes in Geld durch die

45 § 107 Abs. 1 GewO.

46 § 107 Abs. 2 GewO.

Auszahlung von Kryptowährungen im Interesse des Arbeitnehmers liegen und mit ihm schriftlich vereinbart werden.

Im Folgenden soll beurteilt werden, wie die Auszahlung von Teilen des Lohnes in Kryptowährung steuerlich zu beurteilen ist.

## 2. Bestimmung der Einkunftsart

Hier gibt es keine besonderen Schwierigkeiten, da nur die Einkunftsart der nichtselbständigen Arbeit[47] in Frage kommt.

## 3. Besteuerung

### a) Gilt die Sachbezugsfreigrenze von monatlich 44 €?

Um die Frage nach der Besteuerung korrekt beantworten zu können, ist vorliegend zunächst nach der Art der Einnahmen zu differenzieren. Nach dem Einkommensteuergesetzt gelten als Arbeitslohn alle Einnahmen, die dem Arbeitnehmer für eine Beschäftigung aus dem Dienstverhältnis zufließen. Neben Geldzuwendungen können Einnahmen auch in Geldeswert (Sachbezüge, Aufmerksamkeiten) bestehen[48].

Die Unterscheidung, ob es sich um Geldzuwendungen oder Einnahmen in Geldeswert handelt, kann sich bei der Besteuerung auswirken. Denn Sachbezüge bleiben außer Ansatz, wenn diese 44 € im Kalendermonat nicht übersteigen[49]. Allerdings handelt es sich hierbei auch um eine Freigrenze. Sollten dem Arbeitnehmer höhere Sachbezugswerte zufließen, bleibt die Besteuerung im Vergleich zu Geldzuwendungen gleich. Die Besteuerung erfolgt dann zum jeweiligen persönlichen Steuersatz.

Es ist also die Frage zu beantworten, was Kryptowährungen aus steuerlicher Sicht im Kontext der Besteuerung der Einkünfte aus nichtselbständiger Arbeit darstellen. Aus Sicht der Finanzverwaltung bestehen Geldleistungen nicht nur dann, wenn diese dem Arbeitnehmer in Form von inländischen Zahlungsmitteln zufließen, sondern auch in ausländischen Währungen[50]. Durch die BaFin[51] wurden die Kryptowährungen als Rechnungseinheit qualifiziert. Für den Kauf und Verkauf sollen dieselben Grundsätze gelten, die auch für Fremdwährungsgeschäfte maßgeblich sind. Das bedeutet meines Erachtens jedoch nicht, dass es sich bei den Einnahmen in Kryptowährungen zwangs-

47 § 19 EStG.
48 § 8 Abs. 1 EStG.
49 § 8 Abs. 2 Satz 11 EStG.
50 H 8.1 LStH Stichpunkt „Ausländische Währungen“.
51 Fachartikel vom 19.12.2013 Aufsichtsrechtliche Bewertung von Bitcoin und Risiken für Nutzer.

läufig um Geldleistungen handelt. Denn es liegt kein Zahlungsmittel, sondern nur eine Recheneinheit vor.

Nach der hier vertretenen Rechtsauffassung handelt es sich bei der Entlohnung mittels Kryptowährungen, mangels Zuordnung zu den Geldleistungen um Sachbezüge, weshalb die 44 €-Freigrenze zur Anwendung kommen kann.

### b) Gilt der Rabattfreibetrag von jährlich 1.080 €?

Werden Wirtschaftsgüter:

- an Arbeitnehmer abgegeben und
- wurden diese Wirtschaftsgüter nicht unmittelbar für den Arbeitnehmer hergestellt oder
- treibt der Arbeitgeber mit diesen Wirtschaftsgütern Handel

findet der Rabattfreibetrag[52] Anwendung.

Der Rabattfreibetrag beträgt jährlich 1.080 €. Er wird nur gewährt, wenn eine verbilligte oder unentgeltliche Überlassung von Waren durch den Arbeitgeber vorliegt, die vom Arbeitgeber hergestellt oder vertrieben werden (Belegschaftsrabatt). Erfolgt die Anwendung des Rabattfreibetrags, ist der Wert der Ware oder Dienstleistung mit dem um 4 % geminderten Endpreis am Abgabeort anzusetzen.

Diese Voraussetzungen könnten vorliegen, wenn Miner die erhaltenen Kryptowährungen an Arbeitnehmer überlassen. Nach der hier vertretenen Rechtsauffassung kann auf diesen Sachverhalt der Rabattfreibetrag jedoch nicht angewendet werden. Wie im Bereich Mining festgestellt, stellt der Minder die Kryptowährungen nicht her, sondern sie werden ihm zugewiesen oder er gewinnt diese, wenn er am schnellsten den nächsten Block verifizieren konnte. Die Anwendung des Rabattfreibetrags verlangt jedoch eine Herstellung des Wirtschaftsgutes.

Anders kann sich das Ergebnis jedoch darstellen, wenn ein Unternehmen seine eigene Kryptowährung herausgibt und am Kryptomarkt handelt. In diesem Fall sollte eine Herstellung angenommen werden und es wäre der Rabattfreibetrag anwendbar.

| **Beispiel:** |
|---|
| Ein Kryptounternehmen überlässt seinen Arbeitnehmern monatlich eigene hergestellte Coins. Die Coins werden auf einer Börse gehandelt und werden dort am Tag der Zuwendung für 50 € gehandelt. Um die Berechnung zu vereinfachen, wird angenommen, dass die Abgabe monatlich erfolgt und der Börsenpreis gleichbleibend ist. |

52 § 8 Abs. 3 EStG.

| Lösung: | |
|---|---|
| Wert der Coins | 50 € |
| abzüglich gesetzlicher Abschlag 4 % | – 2 € |
| maßgeblicher Wert der Coins | 48 € |
| 48 € × 12 Monate | 576 € |
| Die erhaltenen Coins sind steuerfrei, da der Rabattfreibetrag i. H. v. 1.080 € nicht überschritten ist. Die Beitragsfreiheit in der Sozialversicherung schließt sich der Lohnsteuer an. | |

### c) Welcher Wert in € ist als Einnahme anzusetzen?

Maßgebend für die Besteuerung ist der Wert der hingegebenen Kryptowährung im Zeitpunkt der Gutschrift in der Wallet der Arbeitnehmer. Allerdings gibt es für Kryptowährungen bekanntlich keine einheitlichen Umrechnungskurse. So differieren die Preise auf den einzelnen Börsen zum Teil mehr oder weniger stark. Zudem unterliegen Kryptowährungen in den meisten Fällen erheblichen Kursschwankungen. Diese treten nicht selten im zweistelligen Prozentbereich innerhalb von 24 Stunden auf. Daher ist es schwierig und mit Verwaltungsaufwand verbunden den maßgebenden Wert des Arbeitslohns aus hingegebenen Coins zu bestimmen.

Was ist also maßgebend:

- Der Kurs einer bestimmten Börse?
- Der Tageshöchstkurs oder der niedrigste Kurs?
- Der Durchschnittskurs?
- Der Durchschnittskurs über mehrere Börsen, um Schwankungen auszugleichen?
- Vielleicht aber auch der Anschaffungskurs im Zeitpunkt der Anschaffung durch den Arbeitgeber?

Hier sollte mangels gesetzlicher Regelung eine sachgerechte Lösung gefunden werden. Z.B. sollte es sachgerecht sein, sich auf eine bestimmte Börse festzulegen und die dortigen Handelspreise im Zeitpunkt der Übertragung in die Wallet der Arbeitnehmer anzusetzen. Dies ist durch den Arbeitgeber nachvollziehbar zu dokumentieren.

### d) Verkauf der erhaltenen Kryptowährungen durch den Arbeitnehmer?

Zuletzt muss auch bei den über den Lohn erhaltenen Kryptowährungen die Frage beurteilt werden, ob ein Verkauf dieser Coins steuerpflichtig ist. Dies kann meines Erachtens mit Ja beantwortet werden.

Die **Anschaffung und der Verkauf von Kryptowährungen** stellen ein privates Veräußerungsgeschäft[53] dar, sofern der Zeitraum zwischen Anschaffung und Veräußerung nicht mehr als ein Jahr beträgt. Die Coins wurden nicht über die Hingabe von Fiat-Geldern erworben, aber durch die Hingabe seiner Arbeitsleistung. Es kann daher nichts anderes gelten, ob man direkt Coins erwirbt oder ob man zunächst in Fiat bezahlt wird und davon Kryprowährungen kauft.

## 4. Zusammenfassung

| **Tätigkeit** | Lohnzahlung |
|---|---|
| **Finanzverwaltung** | – |
| **Weitere Quellen** | – |
| **Rechtsgrundlage** | § 107 GewO, § 19 EStG, H 8.1 LStH, § 8 EStG |
| **Besteuerung Ertrag** | Einkünfte aus nichtselbständiger Arbeit gem. § 19 EStG |
| **Freigrenze/Freibetrag** | 44,00 € Sachbezugsfreigrenze<br>1.080,00 € Rabattfreibetrag (wenn Voraussetzungen erfüllt) |
| **Besteuerung Vermögen** | Privates Veräußerungsgeschäft bei Verkauf der erworbenen Coins innerhalb der Haltefrist von einem Jahr.<br>Nach Ablauf der Haltefrist steuerfrei. |
| **Verlustnutzung** | In Bezug auf den Verkauf der erworbenen Coins Verrechnung mit Gewinnen der gleichen Einkunftsart (sonstige Einkünfte). |
| **Besonderheiten** | – |

53 § 23 Abs. 1 Satz 1 Nr. 2 EStG.

# VI. Wie finde ich einen guten Steuerberater?

Anders als beim Autokauf oder beim Hausbau kann man die Leistung eines Steuerberaters nicht sehen, anfassen oder konkret mit einer Alternative vergleichen. Es handelt sich um eine Dienstleistung. Das macht es sowohl für den Steuerberater als auch für den Steuerpflichtigen nicht leicht. Der Steuerberater hat es schwer darzulegen, warum gerade er eine gute Wahl ist und der Steuerpflichtige kann sich nicht sicher sein, ob er die richtige Wahl getroffen hat.

Dabei soll natürlich nicht unberücksichtigt bleiben, dass es nicht ausschließlich auf das fachliche ankommt, sondern auch menschlich muss es passen. Die folgende Übersicht soll eine erste Orientierung bieten, was man von einem guten Steuerberater ganz allgemein erwarten sollte. Je mehr Haken man im Bereich Top machen kann, desto wahrscheinlicher kann man sich sicher sein, eine gute Auswahl getroffen zu haben.

Die Gegenüberstellung berücksichtigt erstmal ganz allgemeine Kriterien. Gerade im Rechts- und Steuerberatenden Bereich gibt es viele Berater, welche sich auf spezielle Gebiete fokussiert haben und sich dort perfekt auskennen. In vielen Fällen hat der Berater einen Fachberatertitel, an dem man sein Spezialgebiet erkennen kann. Für den Bereich der Besteuerung von Kryptogeschäften gibt es solch einen Titel jedoch nicht. Daher muss man sich anderweitig behelfen und schauen ob der Berater sich hier auskennt. Zum Beispiel kann man seine Homepage checken oder er hat in Fachzeitschriften schon etwas zu diesem Thema veröffentlicht. Gerade in einem Gebiet, bei dem die Rechtslage noch nicht vollends geklärt ist, sollte man sich um einen Berater kümmern, der sich mit der Materie auskennt.

| | **Flop** | **Top** |
|---|---|---|
| **1** | Der Mandant muss anrufen, wenn er was möchte. | Der Steuerberater ruft proaktiv regelmäßig an, um sich über die Lage und Bedürfnisse des Mandanten zu informieren. |
| **2** | Der Mandant sucht seinen Steuerberater auf, wenn er es für notwendig erachtet. | Der Steuerberater sucht seinen Mandanten regelmäßig auf, um dessen Betrieb besser kennenzulernen und um gemeinsam mit ihm mindestens in Quartals- und/oder Herbstgesprächen die gegenwärtige und künftige geschäftliche Entwicklung zu besprechen. |
| **3** | Der Mandant muss sich nach dem Bearbeitungsstand erkundigen. | Der Mandant wird regelmäßig über Bearbeitungsstände informiert. Verzögerungen werden durch einen mit dem Mandanten abgestimmten Zeitplan vermieden. |

| | Flop | Top |
|---|---|---|
| 4 | Der Steuerberater lässt den Mandanten im Unklaren darüber, welche Unterlagen er einreichen soll. | Der Mandant wird mit Checklisten und Hilfsmitteln versorgt, damit der er stets im Klaren darüber ist, was er liefern muss, um seinen Auftrag optimal bearbeiten lassen zu können. |
| 5 | Der Steuerberater bietet nur Hilfestellung in der Erledigung der gesetzlichen Pflichten. | Der Mandanten erhält durch die Zurverfügungstellung ergänzender Leistungen aus allen Bereichen (Steuer-, Rechts-, und Betriebswirtschaftliche Beratung) einen echten Mehrwert für eine zukunftsgerichtete Entwicklung. Die Erledigung der gesetzlichen Pflichten ist das Mindestmaß. |
| 6 | Der Steuerberater wartet, bis er die Unterlagen vom Mandanten bekommt und erstellt diese im Zweifel auch nach Fristablauf. | Der Mandant wird rechtzeitig an anstehende Fristen erinnert und darüber aufgeklärt, welche Konsequenzen durch Fristversäumnisse entstehen. |
| 7 | Der Steuerberater versteht weder Geschäft noch Situation des Mandanten und zeigt hieran auch kein Interesse. | Der Steuerberater erkundigt sich regelmäßig und mit großem Interesse nach dem privaten und beruflichen Erfolg sowie deren Zielerreichung. |
| 8 | Der Steuerberater sagt nur, was zu tun ist und überlässt die Umsetzung allein dem Mandanten. | Der Mandant wird mit der Umsetzung nicht alleine gelassen. Er bekommt einen konkreten Fahrplan an die Hand und wird bei der Messung der Zielerreichung unterstützt. |
| 9 | Der Steuerberater rechnet nach einer für den Mandanten nicht nachvollziehbaren Vergütungsverordnung ab. | Der Mandant bestimmt selbst seinen benötigten Leistungsumfang und zahlt eine feste monatliche Pauschale ohne die Angst vor Nachberechnungen haben zu müssen. |
| 10 | Der Steuerberater fragt den Mandanten nie nach der Einschätzung seiner Leistung. | Der Mandant wird regelmäßig um Feedback gebeten, weil der Dienstleister dadurch in der Lage ist, noch besseren Service bieten zu können. |

# VII. Exklusiv: Die 10 besten Steuergestaltungen vor und nach dem nächsten Bitcoin-Run

Die Erwartungen sind hoch, dass der nächste Bitcoin-Run nahe bevorsteht. In diesem Zusammenhang macht es Sinn, dass man sich darauf auch aus steuerlicher Sicht optimal vorbereitet. Zehn Gestaltungen mit echtem Potential zum Steuern sparen oder vermeiden habe ich im Folgenden zusammengefasst. Diese können direkt umgesetzt werden:

1. **Getrennte Wallets führen**
   Ich empfehle jedem Kryptoinvestor möglichst viele Wallet-Adressen zu halten, wenn es darum geht strategisch kluge Steuerplanung zu betreiben. Denn nur dann besteht die Möglichkeit zu verschiedenen Zeitpunkten angeschaffte Kryptowährungen identifizierbar (nämlich) zu machen und so vor dem oftmals ungünstigen bzw. unflexiblen Verbrauchsfolgeverfahren FiFo zu schützen. Im Kapitel zur Besteuerung bei Trading von Coins s. Kapitel V. A. werden die Vor- und Nachteile anhand von Beispielen detailliert dargestellt. Die besten Erfahrungen habe ich wegen des geringen Verwaltungsaufwands mit Hard-Wallets gemacht. Gleichzeitig bieten diese eine sehr hohe Sicherheit.
2. **Verlustnutzung**
   Auch dieser Punkt wird im Kapitel V. A. 3. c) im Detail beschrieben. Es geht darum, dass man die Möglichkeit hat Verluste klug zu nutzen. Geht man davon aus, dass einer der gehaltenen Coins im Wert nicht mehr steigen wird, so macht es Sinn diesen noch innerhalb der einjährigen Haltefrist zu verkaufen, um so die Verluste steuerlich nutzbar zu machen. Nach Ablauf eines Jahres verfallen diese. Hier kann der Tipp mit den getrennten Wallets gleich doppelt genutzt werden. Denn jetzt hat man die Möglichkeit, unabhängig vom Anschaffungszeitpunkt, die Coins mit den höchsten Verlusten zu verkaufen und man muss sich nicht nach dem FiFo-Prinzip richten.

   Oft wird empfohlen, dass man kurz vor Ablauf der einjährigen Haltefrist seine Verlust-Coins verkaufen sollte und dann direkt wieder neue einzukaufen. Der Verlust ist damit realisiert. Hier ist allerdings darauf hinzuweisen, dass die Grenzen zur unerlaubten Steuergestaltung nicht klar festgelegt sind und die Finanzverwaltung eine solche annehmen könnte. Allerdings entstehen auch keine Nachteile, wenn man zunächst eine günstige Rechtsauffassung vertritt.
3. **Verfassungswidrigkeit**
   Hat man klug investiert und konnte tatsächlich steuerpflichtige Gewinne erzielen, so muss man diese auch in seiner Steuererklärung angeben, will man sich nicht einer Strafbarkeit aussetzen. Man hat danach zumindest seine Pflicht erfüllt. Das

bedeutet aber nicht, dass man zwangsläufig auch die Rechtsfolgen akzeptieren muss. In Deutschland darf nur dann etwas besteuert werden, wenn es nachweislich jeden treffen kann und alle gleichbehandelt werden. Die Steuerehrlichen dürfen also sprichwörtlich nicht die Dummen sein.

So kann gerade im Bereich Kryptowährungen in Frage stehen, ob es denn nicht ein strukturelles Vollzugsdefizit gibt. Das heißt, es gibt bis heute eigentlich keine richtige Handhabe, dass das Finanzamt in die Lage versetzt strukturiert an Informationen zu kommen, um zu kontrollieren, ob jeder Steuerpflichtige wahrheitsgemäß Angaben zu seinen Krypto-Einkünften getätigt hat.

So hat das FG Baden-Württemberg in einem Urteil[54] die Verfassungsmäßigkeit der Besteuerung von privaten Veräußerungsgeschäften mit UEFA Champions League-Eintrittskarten erstinstanzlich bezweifelt und auf eine ggf. ähnliche Problematik bei Kryptowährungen hingewiesen. Hiergegen wurde Revision beim BFH[55] eingelegt. Das FG Berlin-Brandenburg[56] hatte dieses Problem nicht so gesehen.

Man sollte bei höheren Gewinnen, aber sicherlich darüber nachdenken, ob man diesen Weg nicht einschlagen will und eine gerichtliche Klärung herbeiführt. Auf jeden Fall sind die Chancen nicht ganz ausgeschlossen.

### 4. Vor dem Staking handeln

Bereits im Kapitel V. C. Staking hatte ich darauf hingewiesen, dass theoretisch die Möglichkeit besteht, dass die einjährige Spekulationsfrist auf zehn Jahre verlängert wird, wenn man Staking betreibt. Ich sehe das zwar nicht so, aber es ist nicht ausgeschlossen. Das ist umso dramatischer, wenn die einjährige Frist bereits abgelaufen war.

Man sollte hier in Erwägung ziehen, die steuerfreien Coins vorher zu verkaufen und zu dann höheren Anschaffungskosten wieder anzukaufen bevor es zum Staking kommt, dann hätte man sich zumindest den steuerfreien Wertzuwachs schon mal gesichert.

### 5. Bitcoin als Sachzuwendung

Arbeitnehmer können Sachzuwendungen bis zu einer Höhe von 44,00 € zusätzlich zum Arbeitslohn steuerfrei zugewendet werden. Da es sich z.B. bei Bitcoin nicht um ein Zahlungsmittel handelt, kann der Arbeitgeber seinen Angestellten Bitcoin bis zu 44,00 € pro Monat zuwenden. Die Freude ist umso größer, wenn diese dann nachträglich im Wert steigen.

---

54 Urteil vom 02.03.2018, 5 K 2508/17.

55 AZ. IX R 10/18.

56 Aussetzungsbeschluss vom 20.06.2019, 13 V 13100/19.

6. **Schneller Zwischenhandel**
   Je nach Exchange kann man nicht jeden Coin gegen die Hingabe von Fiatwährungen einkaufen. Hier entsteht dann ein Problem, wenn man z.B. Bitcoin gegen seinen Wunschcoin eintauschen möchte und die Haltefrist des Bitcoin noch nicht abgelaufen ist. Denn durch den Tausch wird ein steuerpflichtiger Veräußerungsgewinn angenommen.
   Die Lösung ist es, eine bisher nicht im Bestand befindlichen Coin zu kaufen und dann in den Zielcoin direkt umzutauschen. Durch den direkten Umtausch entsteht kein steuerpflichtiger Veräußerungsgewinn und die Bestandscoins bleiben unangetastet und werden nach einem Jahr steuerfrei. Es gibt hierzu mittlerweile auch Anbieter, welche Coins automatisch in andere Coins umwandeln.
7. **Freigrenze optimal nutzen**
   Innerhalb der Familie lassen sich Freigrenzen optimal ausnutzen. Hier kann es Sinn ergeben, wenn nicht nur ein Ehepartner Kryptowährungen handelt, sondern alle beiden. Denn jede steuerpflichtige Person hat für sich eine Freigrenze von 600,00 € im Jahr.
8. **Grundfreibetrag und Progression nutzen**
   Jeder Steuerpflichtige hat einen Grundfreibetrag bis zu welchem keine Steuer erhoben wird. Im Jahr 2020 beträgt der Freibetrag z.B. 9.408,00 €. In der Regel steigt dieser Freibetrag jährlich an. Bei Eheleuten verdoppelt sich der Betrag. Jetzt haben Eheleute mit Sicherheit bereits den Grundfreibetrag mit ihrem Einkommen ausgeschöpft. Allerdings das Kind oder die Kinder nicht. Diese haben in der Regel keine Einkünfte. Das bedeutet, dass wenn Gewinne bei diesen entstehen nicht nur die 600,00 €-Freigrenze ausgeschöpft werden kann, sondern zusätzlich noch der Grundfreibetrag.
9. **Bitcoin verschenken**
   Weiß man bereits heute, dass man Verwandte an seinen Gewinnen beteiligen will, so ist es klug das Geschenk bereits heute zu tätigen, denn eine Schenkung nach einer Wertsteigerung kann teuer werden. Je nach Verwandtschaftsgrad gibt es unterschiedliche Freibeträge und Steuersätze (siehe dazu mehr im Kapitel II. D. zum Punkt Erbschaftsteuer). Diese können am besten dann ausgenutzt werden, wenn man vor der Wertsteigerung schenkt.
10. **Leben im Ausland**
    Zugegeben ist ein Leben im Ausland nicht für jeden etwas. Wenn man aber ohnehin mit dem Gedanken spielt zukünftig nicht mehr unbedingt in Deutschland wohnen zu wollen, dann kann man natürlich auch versuchen, seinen Wohnsitz steuerlich klug zu wählen. Allerdings gibt es verschiedene Spielregeln einzuhalten. So muss beachtet werden, dass in Deutschland weder ein Wohnsitz noch ein gewöhnlicher

Aufenthalt besteht. Außerdem muss man darauf achten, dass man sich weniger als 183 Tage im Jahr in Deutschland aufhält. Positiv ausgedrückt, darfst du dich 183 Tage in Deutschland aufhalten, ohne steuerpflichtig zu werden.

Durch eine geschickte Verlagerung von Wohnsitz und Gründung einer Gesellschaft in einem anderen Land als dem Wohnsitzstaat lässt es sich auch heute noch gestalten wenig bis gar keine Steuern zu zahlen. Da sich das Steuerrecht aber von heute auf morgen im jeweiligen Land ändern kann und es nicht nur die eine Möglichkeit gibt, kann hier nicht auf eine besondere Gestaltung hingewiesen werden, die für jeden zutreffend ist. Dies muss auf den Einzelfall angepasst werden und bedarf einer gezielten Beratung.

# 2. Abschnitt: Bilanzierung

## I. Einführung in die Bilanzierung

Das vorliegende Buch stellt sowohl die Besteuerung von Kryptowährungen als auch deren Bilanzierung im Rahmen von Unternehmen so dar, dass auch derjenige ein Verständnis von beidem erlangt, der nicht tagtäglich mit diesen Dingen zu tun hat. Deshalb werden die Ausführungen in diesem Abschnitt möglichst einfach gefasst. Das bedeutet zunächst, dass in einem Vorspann kurz dargestellt wird, was Bilanzierung bedeutet und worauf dabei ganz allgemein zu achten ist. Damit werden die Grundlagen geschaffen, um die themenbezogenen Bilanzierungsfragen besser zu verstehen und in den Kontext einordnen zu können. Unter dieser Prämisse ist es nachvollziehbar, dass nicht alle Feinheiten zur Bilanzierung in ausführlichster Weise besprochen werden können. Vielmehr geht es um eine praxisgerechte Darstellung.

### A. Grundlegendes zur Bilanzierung

Nicht jeder der Einkünfte aus Kryptogeschäften erzielt ist zur Bilanzierung verpflichtet. Eine Verpflichtung kann sich aus dem Handelsrecht ergeben. In manchen Fällen verlangt auch das Finanzamt eine Bilanzierung, auch wenn sich diese nicht aus dem Handelsrecht ergibt.

Es gilt, dass bei Einkünften aus einem Gewerbebetrieb folgende Personen Bücher führen müssen:

1. Kaufleute, die nach Handelsgesetzbuch (HGB) dazu verpflichtet sind[57].
2. Gewerbetreibende, deren Gewinn 60.000 € oder deren Umsatz 600.000 € übersteigt und die das Finanzamt zur Buchführung auffordert[58].

Nach dem HGB hat jeder Kaufmann die Pflicht, mit der Eröffnung seines Gewerbes und am Ende jedes Geschäftsjahres eine Dokumentation zu erstellen, die Auskunft über das Verhältnis von Vermögen und Schulden sowie über das Ergebnis seiner Geschäftstätigkeit gibt[59]. Insbesondere muss er eine Bilanz und mindestens eine Gegenüberstellung von Aufwendungen und Erträgen des Geschäftsjahres (Gewinn- und Verlustrechnung) erstellen. Je nach Größenordnung ist ergänzend noch ein Anhang und ein Lagebericht anzufertigen.

---

57 § 140 AO i.V.m. HGB.
58 § 141 Abs. 1 AO.
59 § 242 HGB.

In der Bilanz erfolgt eine Gegenüberstellung von Vermögen (Aktiva) und Kapital (Passiva) des Unternehmens. Beide Seiten der Bilanz entsprechen insgesamt dem gleichen Wert.

Ist man nach dem Handelsrecht verpflichtet eine Bilanz zu erstellen, so ist man gleichzeitig auch für das Steuerrecht dazu verpflichtet[60]. Das bedeutet aber nicht, dass die Handels- und die Steuerbilanz gleich sein müssen. Das Steuerrecht weicht in einigen Punkten (bewusst) von den handelsrechtlichen Regelungen ab. Das wird verständlich, wenn man den Sinn und Zweck der jeweiligen Bilanzierung betrachtet. Das Handelsrecht hat das Ziel ein den tatsächlichen Verhältnissen entsprechendes Bild der Vermögens-, Finanz- und Ertragslage zu vermitteln (True and Fair View)[61]. Das Steuerrecht ist fiskalisch geprägt und eher daran interessiert einen möglichst hohen (steuerpflichtigen) Gewinn darzustellen oder zumindest nicht zu viele Möglichkeiten zu gewähren den Gewinn niedriger darstellen zu dürfen.

Zum Teil weichen auch die Begrifflichkeiten voneinander ab. Im Handelsrecht wird z.B. der Begriff des Vermögensgegenstandes verwendet. Das Steuerrecht spricht von einem Wirtschaftsgut. Beide Begrifflichkeiten sind nirgendwo verbindlich definiert. Letztlich sind die Unterschiede für die vorliegenden Zwecke von keiner Relevanz und sollen daher vereinfacht synonym verwendet und verstanden werden. Es wird einheitlich der Begriff des Vermögensgegenstandes verwendet.

Vermögensgegenstände können in folgende Kategorien unterteilt werden, was für die Frage der Bewertung relevant ist:

- Materielle und immaterielle Vermögensgegenstände,
- Bewegliche und unbewegliche Vermögensgegenstände,
- Abnutzbare und nicht abnutzbare Vermögensgegenstände.

Wenn es um die Frage der Bilanzierung geht, dann müssen immer konkret drei Fragen beantwortet werden:

1. Darf ein Vermögensgegenstand bilanziert werden (**Ansatz**)?
2. Wo muss dieser in der Bilanz ausgewiesen werden (**Ausweis**)?
3. Mit welchem Wert ist dieser auszuweisen (**Bewertung**):
   a) Beim erstmaligen Ansatz (**Zugangsbewertung**)?
   b) In den folgenden Geschäftsjahren (**Folgebewertung**)?

In den folgenden Ausführungen werden diese Fragen in Bezug auf die Bilanzierung von Kryptowährungen beantwortet. Zunächst werden die Begrifflichkeiten ganz allgemein dargestellt und dann in der Folge auf konkrete Kryptogeschäfte angewendet.

---

60 § 140 AO.
61 § 264 Abs. 2 HGB.

# B. Ansatz

Das HGB fordert, dass alle aktivierungsfähigen Vermögensgegenstände in der Bilanz zu erfassen sind[62]. Allerdings ist zu beachten, dass es auch Ausnahmen davon gibt. So gibt es Regelungen, welche die Aktivierung von aktivierungsfähigen Vermögensgegenständen untersagen, aber auch solche die die Aktivierung von Nicht-Vermögensgegenständen erlauben und zum Teil auch vorschreiben. Man unterscheidet daher zwischen:

1. Abstrakter Aktivierungsfähigkeit – theoretisch liegt ein Vermögensgegenstand vor.
2. Konkreter Aktivierungsfähigkeit – tatsächlicher rechtlich zulässiger Ansatz.

Ein Vermögensgegenstand ist abstrakt aktivierungsfähig, wenn dieser:

- Selbständig verkehrsfähig und
- Selbständig bewertbar

ist.

**Selbständig verkehrsfähig** bedeutet, dass der Vermögensgegenstand für sich allein betrachtet übertragbar sein muss. Das heißt er kann veräußert, verschenkt oder vererbt werden.

**Selbständig bewertbar** bedeutet, dass jedem Vermögensgegenstand im Rahmen eines Gesamtvermögens ein eigenständiger Wert zuordenbar sein muss. Der Vermögensgegenstand muss dem Einzelbewertungsgrundsatz des HGB entsprechen. Das Steuerrecht definiert dies so, dass ein Wirtschaftsgut bewertbar ist, wenn ihm im Rahmen einer Betriebsveräußerung der Erwerber einen eigenen Wert beimisst. Auch diese leicht andere Sichtweise soll im Folgenden nicht weiter von Relevanz sein.

Konkret aktivierungsfähig ist ein Vermögensgegenstand, wenn aufgrund einer gesetzlichen Vorschrift eine Aktivierungspflicht oder zumindest ein Aktivierungswahlrecht besteht. Eine solche Pflicht oder ein Wahlrecht kann selbst dann vorliegen, wenn gar kein Vermögensgegenstand vorliegt. Bei einem gesetzlichen Verbot darf keine Bilanzierung erfolgen.

Zusammenfassend stellt man sich das am besten bildlich wie folgt vor:

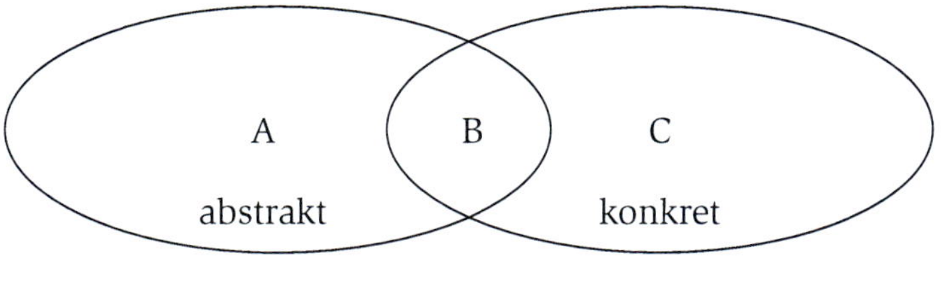


62 § 246 Abs. 1 HGB.

Ein Vermögensgegenstand im Bereich A erfüllt alle Voraussetzungen damit dieser als solcher aktiviert werden dürfte. Das Handelsrecht oder das Steuerrecht verbieten jedoch konkret einen tatsächlichen Ansatz.

Ein Vermögensgegenstand im Bereich B erfüllt alle Voraussetzungen dafür, dass dieser aktiviert werden muss oder es besteht ein Wahlrecht dafür **und** es liegen keine Aktivierungsverbote vor.

Im Bereich C sind nicht alle Voraussetzungen eines Vermögensgegenstandes erfüllt, das Handels- oder Steuerrecht ordnet jedoch konkret eine Bilanzierung an.

## C. Ausweis

Wenn man für die Bilanzierung den Ausweis des jeweiligen Vermögensgegenstandes ermitteln will, so muss man das vorgegebene Bilanzgliederungsschema des HGB[63] beachten. Dieses gilt auch für steuerbilanzielle Zwecke.

In der folgenden Abbildung wird das Gliederungsschema der Aktivseite, also der Vermögensseite, wiedergegeben. Dieses Schema ist jedoch nicht starr und kann angepasst werden, um ein klareres Bilanzbild zu zeigen. Eine weitere Untergliederung der Posten ist zulässig; dabei ist jedoch die vorgeschriebene Gliederung zu beachten. Neue Posten und Zwischensummen dürfen hinzugefügt werden, wenn ihr Inhalt nicht von einem vorgeschriebenen Posten gedeckt wird[64]. Dies kommt der späteren Einordnung der verschiedenen Kryptowährungen zugute, da in vielen Fällen kein vorgegebener Posten so richtig passen will.

Ganz grob wird zwischen dem Anlagevermögen und dem Umlaufvermögen unterschieden. Im Anlagevermögen ist etwas auszuweisen, was dauerhaft dem Unternehmen dient und nicht verkauft werden soll. Was nicht dauerhaft im Unternehmen verbleiben soll, ist im Umlaufvermögen auszuweisen. Diese Unterscheidung ist auch für die Bewertung von Relevanz.

A. Anlagevermögen:
- I. Immaterielle Vermögensgegenstände:
  1. Selbst geschaffene gewerbliche Schutzrechte und ähnliche Rechte und Werte;
  2. entgeltlich erworbene Konzessionen, gewerbliche Schutzrechte und ähnliche Rechte und Werte sowie Lizenzen an solchen Rechten und Werten;
  3. Geschäfts- oder Firmenwert;
  4. geleistete Anzahlungen;

63 § 266 HGB.
64 § 265 Abs. 5 HGB.

II. Sachanlagen:
   1. Grundstücke, grundstücksgleiche Rechte und Bauten einschließlich der Bauten auf fremden Grundstücken;
   2. technische Anlagen und Maschinen;
   3. andere Anlagen, Betriebs- und Geschäftsausstattung;
   4. geleistete Anzahlungen und Anlagen im Bau;

III. Finanzanlagen:
   1. Anteile an verbundenen Unternehmen;
   2. Ausleihungen an verbundene Unternehmen;
   3. Beteiligungen;
   4. Ausleihungen an Unternehmen, mit denen ein Beteiligungsverhältnis besteht;
   5. Wertpapiere des Anlagevermögens;
   6. sonstige Ausleihungen.

B. Umlaufvermögen:

I. Vorräte:
   1. Roh-, Hilfs- und Betriebsstoffe;
   2. unfertige Erzeugnisse, unfertige Leistungen;
   3. fertige Erzeugnisse und Waren;
   4. geleistete Anzahlungen;

II. Forderungen und sonstige Vermögensgegenstände:
   1. Forderungen aus Lieferungen und Leistungen;
   2. Forderungen gegen verbundene Unternehmen;
   3. Forderungen gegen Unternehmen, mit denen ein Beteiligungsverhältnis besteht;
   4. sonstige Vermögensgegenstände;

III. Wertpapiere:
   1. Anteile an verbundenen Unternehmen;
   2. sonstige Wertpapiere;

IV. Kassenbestand, Bundesbankguthaben, Guthaben bei Kreditinstituten und Schecks.

C. Rechnungsabgrenzungsposten.

D. Aktive latente Steuern.

E. Aktiver Unterschiedsbetrag aus der Vermögensverrechnung.

# D. Bewertung

Bei der Bewertung ist zwischen der Zugangs- und der Folgebewertung zu unterscheiden. Vermögensgegenstände sind höchstens mit den Anschaffungs- oder Herstellungskosten, vermindert um Abschreibungen, anzusetzen[65]. Dies gilt auch für die steuerrechtliche Bewertung[66].

Die **Anschaffungskosten**[67] ermitteln sich dabei wie folgt:

| | |
|---|---|
| | Kaufpreis bzw. Aufwand, um den Vermögensgegenstand in einen betriebsbereiten Zustand zu versetzen |
| + | Anschaffungsnebenkosten |
| + | Nachträgliche Anschaffungskosten |
| +/– | Anschaffungspreisänderungen |
| = | **Anschaffungskosten** |

**Herstellungskosten** hingegen sind alle Aufwendungen, die durch den Verbrauch von Gütern und die Inanspruchnahme von Diensten für die Herstellung eines Vermögensgegenstandes anfallen[68]. Bei den Herstellungskosten gibt es im HGB und im Steuerrecht teilweise andere Wertunter- und Wertobergrenzen, welche für die vorliegende Betrachtung jedoch unerheblich sein sollen.

Die **Abschreibung von Vermögensgegenständen** erfolgt im Handels- wie auch im Steuerrecht grundsätzlich linear. Abweichungen sind soweit gesetzlich definiert zulässig, sollen für die weitere Betrachtung jedoch auch irrelevant sein. Über welche Nutzungsdauer die Abschreibung erfolgt, hat das Steuerrecht in sog. amtlichen AfA-Tabellen (Absetzungen für Abnutzungen) geregelt. In der Regel bedient sich das Handelsrecht aus Vereinfachungsgründen diesen Nutzungsdauern.

In manchen Fällen kann es sein, dass Vermögensgegenstände im besonderen Maße im Wert gemindert sind und sich dieser niedrigere Wert nicht in den bisherigen normalen Abschreibungen gezeigt hat. Hier kann es zu einer außerordentlichen Abschreibung kommen. Allerdings weichen Handels- und Steuerrecht hier voneinander ab was möglich ist.

Bei Vermögensgegenständen des Anlagevermögens sind bei voraussichtlich dauernder Wertminderung außerplanmäßige Abschreibungen vorzunehmen, um diese mit dem niedrigeren Wert anzusetzen. Bei Finanzanlagen können außerplanmäßige Abschreibungen auch bei voraussichtlich nicht dauernder Wertminderung vorkommen (**Gemildertes Niederstwertprinzip**).

65 § 253 HGB.
66 § 6 Abs. 1 Nr. 1 EStG.
67 § 255 Abs. 1 HGB.
68 § 255 Abs. 2 HGB.

Bei den Vermögensgegenständen des Umlaufvermögens ist stets der niedrigste Wert anzusetzen (strenges Niederstwertprinzip).

Auch für die Steuerbilanz ist das Niederstwertprinzip anzuwenden. Jedoch darf nur auf den niedrigeren Wert abgeschrieben werden, wenn zu erwarten ist, dass die Wertminderung dauerhaft ist[69].

Entfällt jedoch später der Grund für die Wertminderung, muss wieder eine Zuschreibung erfolgen[70].

## F. Angaben im Anhang

Bilanzierung von Kryptowährungen bedeutet nicht nur eine Darstellung von Zahlen in Bilanz oder Gewinn- und Verlustrechnung (GuV). Kapitalgesellschaften haben die Bilanz und GuV um einen Anhang zu erweitern. Dieser ergänzt das Zahlenwerk um verbale Erläuterungen. So sind z.B. Angaben zu den angewandten Bilanzierungs- und Bewertungsmethoden[71] zu machen.

Unter den Bilanzierungsmethoden versteht man allgemein die Entscheidung über die Verfahrensweisen zur Bilanzierung dem Grunde, der Art, dem Umfang und dem Zeitpunkt nach. Außerdem sind evtl. Angaben über die Gliederungsgrundsätze zu machen. Z.B. müsste man darüber berichten, wenn man selbst erstellte immaterielle Wirtschaftsgüter (also z.B. Bitcoins aus Mining) bilanziert und zu welchen Herstellungskosten man diese abbildet.

Unter Bewertungsmethode im Sinne des HGB ist jedes angewandte Verfahren zur Ermittlung eines Wertansatzes zu verstehen. Also z.B. auch darüber, wie man einen Wert ermittelt hat auf den abgeschrieben wurde.

Insgesamt können die Anhangsangaben sehr vielfältig sein, weshalb hier nur die wichtigsten Beispiele genannt werden können. Im Zweifel sollte die Erstellung eines Anhangs einem Fachmann überlassen werden.

## G. Angaben im Lagebericht

Ab dem Vorliegen der Größenklasse einer mittelgroßen Kapitalgesellschaft (Überschreiten von 2 der 3 Merkmale: 6 Mio. € Bilanzsumme, 12 Mio. € Umsatzerlöse, 50 Arbeitnehmer) muss der Jahresabschluss um einen Lagebericht ergänzt werden. Im Lagebericht sind der Geschäftsverlauf einschließlich des Geschäftsergebnisses und die Lage

---

69 § 6 Abs. 1 Nr. 1 und Nr. 2 EStG.

70 § 253 Abs. 5 HGB bzw. § 6 Abs. 1 Nr. 2 S. 3 EStG.

71 § 284 Abs. 2 Nr. 1 HGB.

der Kapitalgesellschaft so darzustellen, dass ein den tatsächlichen Verhältnissen entsprechendes Bild vermittelt wird[72]. Auch hier kann an vielfältigen Stellen eine Relevanz bestehen über die Kryptogeschäfte zu berichten. Insbesondere, wenn diese für die Beurteilung von Vermögens-, Finanz- und Ertragslage von Bedeutung sind. Auf jeden Fall, wenn der Unternehmenszweck sich auf Kryptogeschäfte selbst bezieht.

Der Lagebericht beinhaltet eine ausführliche Analyse des Geschäftsverlaufs des Unternehmens. Die Analyse muss die Komplexität des Geschäftsverlaufs möglichst genau wiederspiegeln. Dabei werden finanziellen Kennzahlen und Angaben, die aus dem Jahresabschluss abgeleitet werden, berücksichtigt. Auch ein Prognosebericht zur voraussichtlichen Entwicklung des Unternehmens ist in den Lagebericht aufzunehmen.

72 § 289 Abs. 1 HGB.

# II. Bilanzierung von Investment-Token

## A. Ansatz

Investment-Token können auf Handelsplattformen bzw. Exchanges erworben und verkauft werden. Sie sind damit selbständig verkehrsfähig und zwangsläufig auch bewertbar. Die abstrakte Aktivierungsfähigkeit kann daher ohne Probleme bejaht werden. Sie sind auch konkret aktivierungsfähig, da es im Handelsrecht kein Aktivierungsverbot[73] gibt. Bei entgeltlichem Erwerb besteht auch steuerrechtlich kein Aktivierungsverbot[74].

## B. Bilanzausweis

Spannender als die Ansatzfrage ist die Ausweisfrage. Investment-Token können im Einzelfall wie folgt qualifiziert werden:

- Wertpapier[75],
- Anteil an einem Investmentvermögen[76],
- Vermögensanlage[77].

Besteht die Absicht die Investment-Token langfristig zu halten, so kommt ein Ausweis im Bereich des Anlagevermögens und soll der Investment-Token nur kurzfristig gehalten ein Ausweis im Bereich des Umlaufvermögens in Betracht.

Im Bereich des Anlagevermögens kommt grds. ein Ausweis unter den entgeltlich erworbenen immateriellen Vermögensgegenständen[78] oder unter den Finanzanlagen[79] in Frage. Allerdings scheidet meines Erachtens ein Ausweis unter den immateriellen Vermögegegenständen aus, da den Investment-Token ein finanzieller Charakter zugeschrieben werden kann. Zur weiteren Beurteilung, welche Position bei den Finanzanlagen in Betracht kommt, muss der Investment-Token weiter differenziert werden. Dies sieht wie folgt aus:

Repräsentiert der Investment-Token ein Recht am Eigenkapital des emittierenden Unternehmens (Equity Token), dann kann er als:

- Anteile an verbundenen Unternehmen[80],
- Beteiligungen[81],

73 § 248 HGB.
74 § 5 Abs. 2 EStG.
75 § 2 Abs. 4 Nr. 1 WpHG.
76 § 2 Abs. 4 Nr. 2 WpHG.
77 § 2 Abs. 4 Nr. 7 WpHG.
78 § 266 Abs. 2 A. I Nr. 2 HGB.
79 § 266 Abs. 2 A. III HGB.
80 § 266 Abs. 2 A III Nr. 1 HGB.
81 § 266 Abs. 2 A III Nr. 3 HGB.

- Wertpapiere des Anlagevermögens[82],

qualifiziert werden.

Ein **Anteil an einem verbundenen Unternehmen** dürfte nahezu ausgeschlossen sein. Eine Verbundenheit mit anderen Unternehmen ist im Prinzip eine besondere Form der Beteiligung. Es handelt sich um eine Beteiligung an einem rechtlich selbstständigen Unternehmen, welches als Tochterunternehmen in einen Konzernabschluss aufzunehmen ist. In der Regel bei einer Beteiligungshöhe größer 50 %[83].

Eine **Beteiligung** definiert das HGB als Anteile an anderen Unternehmen, die dazu bestimmt sind, dem eigenen Geschäftsbetrieb durch Herstellung einer dauernden Verbindung zu jenen Unternehmen zu dienen[84]. Dabei geht das HGB von der widerlegbaren Vermutung aus, dass eine Beteiligung vorliegt, sofern die Anteile an einer Kapitalgesellschaft 20 % des Nennkapitals überschreiten[85]. Bei Anteilen an einer Personengesellschaft (z.B. OHG oder KG), geht man unabhängig von der Beteiligungshöhe von einer Beteiligung aus.

Bei einer Beteiligungshöhe unter 20 % kann bei entsprechender Qualifikation von einem Wertpapier ausgegangen werden.

Repräsentiert er eher ein Forderungsrecht gegen das emittierende Unternehmen (dept-Token), dann kommt ein Ausweis als:

- Ausleihungen an verbundenen Unternehmen[86],
- Ausleihungen an Unternehmen, mit denen ein Beteiligungsverhältnis besteht[87],
- sonstige Ausleihungen[88]

in Frage. Entsprechend der o.g. Definition der Beteiligungshöhen kann die Art der Ausleihung kategorisiert werden.

Letztlich bietet sich noch die Möglichkeit den Investment-Token gesondert unter Einfügung eines eigens bezeichneten Postens innerhalb der Finanzanlagen in die Bilanz aufzunehmen[89].

---

82 § 266 Abs. 2 A III Nr. 5 HGB.
83 § 290 Abs. 2 Nr. 1 HGB.
84 § 271 Abs. 1 Satz 1 HGB.
85 § 271 Abs. 1 Satz 3 HGB.
86 § 266 Abs. 2 A III Nr. 2 HGB.
87 § 266 Abs. 2 A III Nr. 4 HGB.
88 § 266 Abs. 2 A III Nr. 5 HGB.
89 § 265 Abs. 5 S. 2 HGB.

Im Bereich des Umlaufvermögens kann für Investment-Token ein Ausweis unter folgenden Posten erfolgen:

- Forderungen gegen verbundene Unternehmen[90],
- Forderungen gegen Unternehmen, mit denen ein Beteiligungsverhältnis besteht[91],
- sonstige Vermögensgegenstände[92].

Auf die Entscheidung unter welcher Position ein Ausweis erfolgt, kann auf die oben genannten Abgrenzungen für den Bereich des Anlagevermögens verwiesen werden.

## C. Erstbewertung

Investment-Token sind beim Zugang in der Handels- und der Steuerbilanz mit den Anschaffungskosten zu bewerten[93]. Zu den Anschaffungskosten rechnen bezogen auf Kryptowährungen die Kosten für den Erwerb sowie die Transaktionskosten als sog. Anschaffungsnebenkosten[94].

## D. Folgebewertung

Da Investment-Token keiner Abnutzung unterliegen sind die Anschaffungskosten nicht abzuschreiben, also in ihrem Wert zu mindern. Es sei denn, es liegt eine besondere Wertminderung vor. Dann spricht man von außerplanmäßigen Abschreibungen

Bei Investment-Token im Anlagevermögen sind bei voraussichtlich dauernder Wertminderung außerplanmäßige Abschreibungen vorzunehmen, um diese mit dem niedrigeren Wert anzusetzen. Bei Finanzanlagen können außerplanmäßige Abschreibungen auch bei voraussichtlich nicht dauernder Wertminderung vorkommen (gemildertes Niederstwertprinzip).[95]

Bei Investment-Token des Umlaufvermögens ist immer der niedrigste Wert anzusetzen (strenges Niederstwertprinzip).

Aufgrund des fiskalischen Gedankens des Steuerrechts – weil eine Abschreibung zu Betriebsausgaben führt, welche eine niedrigere Steuerlast nach sich ziehen – besteht ein Wahlrecht dauerhaft wertgeminderte Investment-Token abzuschreiben[96]. Bei nur vorübergehenden Wertminderungen darf keine Abschreibung erfolgen.

---

90 § 266 Abs. 2 B III Nr. 2 HGB.
91 § 266 Abs. 2 B III Nr. 3 HGB.
92 § 266 Abs. 2 B III Nr. 4 HGB.
93 § 253 Abs. 1 HGB bzw. § 6 Abs. 1 Nr. 2 EStG.
94 § 255 Abs. 1 HGB.
95 § 253 Abs. 3 S. 5 und 6 HGB.
96 § 6 Abs. 1 Nr. 2 S. 2 EStG.

Entfällt jedoch später der Grund für die Wertminderung, muss wieder eine Zuschreibung erfolgen[97].

97 § 253 Abs. 5 HGB bzw. § 6 Abs. 1 Nr. 2 S. 3 EStG.

# III. Bilanzierung von Utility-Token

## A. Ansatz

Utility-Token können auf Handelsplattformen bzw. Exchanges erworben und verkauft werden. Sie sind damit selbständig verkehrsfähig und zwangsläufig auch bewertbar. Die abstrakte Aktivierungsfähigkeit kann daher ohne Probleme bejaht werden. Sie sind auch konkret aktivierungsfähig, da es im Handelsrecht kein Aktivierungsverbot[98] gibt. Bei einem entgeltlichem Erwerb besteht auch steuerrechtlich kein Aktivierungsverbot[99].

## B. Ausweis

Die Frage des Ausweises ist bei Utility-Token nicht so einfach zu beurteilen, da Utility-Token inhaltlich verschieden ausgestaltet werden können und somit unterschiedliche Funktionen haben. Daher muss zunächst eine Kategorisierung vorgenommen werden:

- Ein Utility-Token beinhaltet das Recht gegen ein Produkt eingetauscht zu werden (Produkt-Token).
- Ein Utility-Token beinhaltet das Recht gegen eine Dienstleistung eingetauscht zu werden (Dienstleistungs-Token).
- Ein Utility-Token vermittelt das Recht eine Plattform oder eine Software zu nutzen (Nutzungsrecht-Token).
  - Dieser vermittelt das Recht für eine bestimmte Zeit.

Im Prinzip handelt es sich bei der **Anschaffung eines Utility-Token** um eine Vorleistung auf eine vom Emittenten noch zu erbringende Lieferung oder Leistung. Juristisch spricht man von einem sog. „schwebenden Geschäft“. Schwebend deshalb, weil weder die Lieferung oder Leistung noch die Zahlung stattgefunden hat. Um solche Vorleistungen erfolgsneutral behandeln zu können bedarf es einer Möglichkeit diese zu bilanzieren. Dafür sieht das Bilanzschema[100] verschiedene Positionen vor:

- Anzahlungen auf immaterielle Vermögensgegenstände (Anlagevermögen),
- Anzahlungen auf Sachanlagen (Anlagevermögen),
- Anzahlungen auf Vorräte (Umlaufvermögen),
- Sonstige Vermögensgegenstände (Umlaufvermögen),
- Aktive Rechnungsabgrenzungsposten.

---

98 § 248 HGB.

99 § 5 Abs. 2 EStG.

100 § 266 HGB.

Je nachdem welchen Inhalt der Utility-Token hat und wie es geplant ist, die angestrebte Lieferung/Leistung im Unternehmen zu verwenden, hat eine Erfassung unter den genannten Positionen zu erfolgen. Die Sonstigen Vemögensgegenstände bilden dabei einen Auffangposten, wenn eine Erfassung in den anderen Positionen ausscheidet. Hier wären z.B. die Utility-Token mit Dienstleistungscharakter auszuweisen. Bei einem Nutzungsrecht-Token, welcher dazu berechtigen soll auf eine bestimmte Zeit eine Nutzung zu gewähren muss gesondert unter den aktiven Rechnungsabgrenzungsposten ausgewiesen werden.

Ist nicht mehr damit zu rechnen, dass der Emittent die versprochene Gegenleistung erbringen wird oder kann, dann ist der Utility-Token als sonstiger Vermögensgegenstand auszuweisen, da er dann einen Rückzahlungsanspruch darstellt.

Es ergibt sich also folgendes Schema:

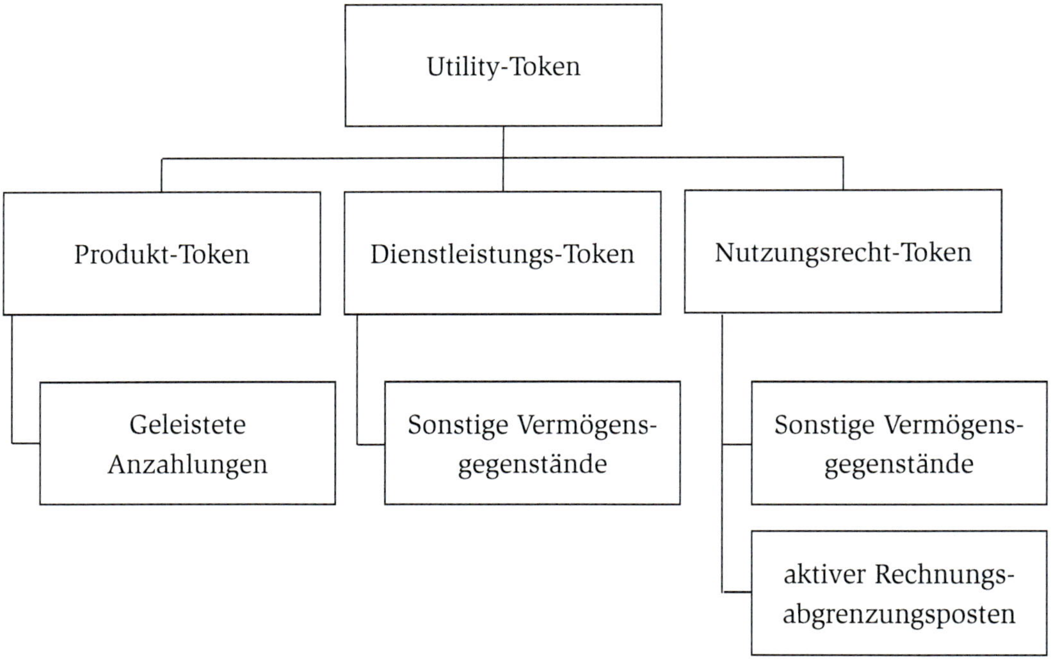


## C. Erstbewertung

Utility-Token sind beim Zugang in der Handels- und der Steuerbilanz mit den Anschaffungskosten zu bewerten[101]. Zu den Anschaffungskosten rechnen bezogen auf

101 § 253 Abs. 1 HGB bzw. § 6 Abs. 1 Nr. 2 EStG.

Kryptowährungen die Kosten für den Erwerb sowie die Transaktionskosten als sog. Anschaffungsnebenkosten[102].

# D. Folgebewertung

Da Utility-Token keiner Abnutzung unterliegen, sind die Anschaffungskosten nicht abzuschreiben, also in ihrem Wert zu mindern. Es sei denn, es liegt eine besondere Wertminderung vor. Dann spricht man von außerplanmäßigen Abschreibungen

Bei Utility-Token im Anlagevermögen sind bei voraussichtlich dauernder Wertminderung außerplanmäßige Abschreibungen vorzunehmen, um diese mit dem niedrigeren Wert anzusetzen (gemildertes Niederstwertprinzip).[103]

Bei Utility-Token des Umlaufvermögens ist immer der niedrigste Wert anzusetzen (strenges Niederstwertprinzip).

Aufgrund des fiskalischen Gedankens des Steuerrechts – weil eine Abschreibung zu Betriebsausgaben führt, welche eine niedrigere Steuerlast nach sich ziehen – besteht ein Wahlrecht dauerhaft wertgeminderte Investment-Token abzuschreiben[104]. Bei nur vorübergehenden Wertminderungen darf keine Abschreibung erfolgen.

Entfällt jedoch später der Grund für die Wertminderung muss wieder eine Zuschreibung erfolgen[105].

Ein Utility-Token, welcher als Rechnungsabgrenzungsposten auszuweisen ist, weil dieser das Rechte gewährt für eine bestimmte Zeit etwas zu nutzen, ist über die Nutzungszeit ratierlich zu verteilen und somit als Betriebsausgabe zu erfassen.

102 § 255 Abs. 1 HGB.

103 § 253 Abs. 3 S. 5 und 6 HGB.

104 § 6 Abs. 1 Nr. 2 S. 2 EStG.

105 § 253 Abs. 5 HGB bzw. § 6 Abs. 1 Nr. 2 S. 3 EStG.

# IV. Bilanzierung von Currency-Token

## A. Ansatz

Currency-Token können auf Handelsplattformen bzw. Exchanges erworben und verkauft werden. Sie sind damit selbständig verkehrsfähig und zwangsläufig auch bewertbar. Die abstrakte Aktivierungsfähigkeit kann daher ohne Probleme bejaht werden. Sie sind auch konkret aktivierungsfähig, da es im Handelsrecht kein Aktivierungsverbot[106] gibt. Bei entgeltlichem Erwerb besteht auch steuerrechtlich kein Aktivierungsverbot[107].

## B. Ausweis

Currency-Token sollen zwar grundsätzlich das Ziel verfolgen als Zahlungsmittel genutzt zu werden, mangels staatlicher Anerkennung als solches, erscheint es jedoch nicht sachgerecht die Currency-Token unter den liquiden Mitteln[108] in der Bilanz auszuweisen. Um dies zu rechtfertigen, müsste zumindest die allgemeine Akzeptanz als Zahlungsmittel weiter verbreitet sein.

Grundlegend kann danach unterschieden werden, ob der Currency-Token langfristig im Unternehmen verbleiben soll und so dem Anlagevermögen oder nur kurzfristig und somit dem Umlaufvermögen zugewiesen werden muss. Aufgrund der Immaterialität kommt im Anlagevermögen der Ausweis unter den entgeltlich erworbenen immateriellen Vermögensgegenständen[109] in Betracht. Im Umlaufvermögen ist ein Ausweis unter den sonstigen Vermögensgegenständen[110] sachgerecht.

## C. Erstbewertung

Currency-Token sind beim Zugang in der Handels- und der Steuerbilanz mit den Anschaffungskosten zu bewerten[111]. Zu den Anschaffungskosten rechnen bezogen auf Kryptowährungen die Kosten für den Erwerb sowie die Transaktionskosten als sog. Anschaffungsnebenkosten[112].

Currency-Token können aber auch dann erworben werden, wenn man diese als Zahlungsmittel akzeptiert. Da Currency-Token jedoch nicht als gesetzliches Zahlungsmittel zugelassen sind, handelt es sich um ein Tauschgeschäft. Die Anschaffungskosten

---

106 § 248 HGB.
107 § 5 Abs. 2 EStG.
108 § 266 Abs. 2 B IV. HGB.
109 § 266 Abs. 2 A I Nr. 2 HGB.
110 § 266 Abs. 2 B II Nr. 4 HGB.
111 § 253 Abs. 1 HGB bzw. § 6 Abs. 1 Nr. 2 EStG.
112 § 255 Abs. 1 HGB.

bemessen sich in diesem Fall nach dem Wert der hingegebenen Vermögensgegenstände, wobei der Wert der erhaltenen Currency-Token nicht überschritten werden darf. Das Steuerrecht spricht vom gemeinen Wert der hingegebenen Wirtschaftsgüter[113].

Bei selbst hergestellten Currency-Token sind die Herstellungskosten zu bilanzieren[114].

## D. Folgebewertung

Da Currency-Token keiner Abnutzung unterliegen, sind die Anschaffungskosten nicht abzuschreiben, also in ihrem Wert zu mindern. Es sei denn, es liegt eine besondere Wertminderung vor. Dann spricht man von außerplanmäßigen Abschreibungen.

Bei Currency-Token im Anlagevermögen sind bei voraussichtlich dauernder Wertminderung außerplanmäßige Abschreibungen vorzunehmen, um diese mit dem niedrigeren Wert anzusetzen (gemildertes Niederstwertprinzip)[115].

Bei Currency-Token des Umlaufvermögens ist immer der niedrigste Wert anzusetzen (strenges Niederstwertprinzip).

Aufgrund des fiskalischen Gedankens des Steuerrechts – weil eine Abschreibung zu Betriebsausgaben führt, welche eine niedrigere Steuerlast nach sich ziehen – besteht ein Wahlrecht dauerhaft wertgeminderte Investment-Token abzuschreiben[116]. Bei nur vorübergehenden Wertminderungen darf keine Abschreibung erfolgen.

Entfällt jedoch später der Grund für die Wertminderung, muss wieder eine Zuschreibung erfolgen[117].

---

113 § 6 Abs. 6 S. 1 EStG.

114 § 255 Abs. 2 HGB.

115 § 253 Abs. 3 S. 5 und 6 HGB.

116 § 6 Abs. 1 Nr. 2 S. 2 EStG.

117 § 253 Abs. 5 HGB bzw. § 6 Abs. 1 Nr. 2 S. 3 EStG.

# Stichwortverzeichnis

10 besten Steuergestaltungen vor und nach dem nächsten Bitcoin-Run 77
51 %-Attacke 6
183 Tage-Regel 80

## A

Abgeltungssteuer 61
**Abgrenzung**
- der Vermögensverwaltung vom gewerblichen Trading 40
- gewerbliches und privates Mining 47
- von gewerblicher oder privater Tätigkeit 47

Abhilfebescheid 33
**Abschreibung**
- Computertechnik 49
- von Vermögensgegenständen 86

Absetzungen für Abnutzungen 86
Abstrakte Aktivierungsfähigkeit 83
**Airdrop** 4
- Besteuerung 65
- Bestimmung der Einkunftsart 65
- Einkünfte aus Kapitalvermögen 65
- Schenkung 66
- Sonstige Einkünfte 65

**Airdrop-Coins** 4
- mit Gegenleistung 67
- privates Veräußerungsgeschäft 66
- unentgeltliche Erwerbe 67

Aktiensplit 56
**Aktivierung**
- von aktivierungsfähigen Vermögensgegenständen 83
- von Nicht-Vermögensgegenständen 83

**Angaben**
- im Anhang 87
- im Lagebericht 87

Anhang 81
Anlagevermögen 84
Anlaufverluste 49
**Anschaffung** 67
- eines Utility-Token 93
- und Verkauf von Kryptowährungen 74
- von Mining-Hardware 49

Anschaffungskosten 86, 91
**Anteil**
- an einem verbundenen Unternehmen 90
- an einer Personengesellschaft 90

Antrag auf ruhendes Verfahren 33
Arbeitslohn 71
Auf eine Geldleistung gerichtete Forderung 61
**Ausgabe**
- von Currency-Token 59
- von Security-Token 59
- von Utility-Token 58

Aussetzung der Vollziehung 33
Ausweis eines Vermögensgegenstandes 84
Auszahlung von Teilen des Lohnes in Kryptowährung 71
Automatisierte Safeguards 9

## B

BaFin 14
Begünstigtes Betriebsvermögen 24
Belegschaftsrabatt 72
Belegvorhaltepflicht 31
**Besteuerung**
- der Einkünfte aus nichtselbständiger Arbeit 71
- -sverfahren 26
- von Airdrops 65
- von Forks 56
- von gewerblichem Mining 49
- von Lending 68
- von Lohnzahlungen in Kryptowährungen 70
- von privatem Mining 50
- von Staking 52

Bestimmung der Einkunftsart 56
**Beteiligung** 90
- -shöhe unter 20 % 90

**Bewertung** 85
- -smethode 87

Bezahl-Token 59
**Bilanz** 81
- -ausweis 89
- -gliederungsschema des HGB 84
- -schema 93

**Bilanzierung** 49, 81
- Methoden 87
- von Currency-Token 96
- von Investment-Token 89
- von Kryptowährungen 87
- von Utility-Token 93

**Bitcoin** 7
- -Run 77
- Sachzuwendung 78
- Schenkung 79
- verschenken 79

Block Reward 4, 10, 47
Blockchain 5

## C


Containerleasingmodelle 55
**Currency-Token** 15
- Ansatz 96
- Anschaffungskosten 96
- Anschaffungsnebenkosten 96
- Ausgabe 59
- Ausweis 96
- Bilanzierung 96
- des Umlaufvermögens 97
- Erstbewertung 96
- Folgebewertung 97
- Herstellungskosten 97
- im Anlagevermögen 97


## D


Dauerhaft wertgeminderte Investment-Token 95
Definitionen 4
Dept-Token 90
Desktop-Wallet 16
Deterministische Wallets 11
Dienstleistungs-Token 93
Digitale Werte 6
Distributed Ledger Technology 5
**Doppelbesteuerung**
- Problem 18
- -sabkommen 18, 37
Double Spending 6


## E


Ein- und Mehrzweckgutscheine 58
Einführung des Bitcoins 3
**Einkommensteuer** 20
- -gesetz 20
- -tarif 20
Einkunftsart, Bestimmung 56
**Einkünfte**
- aus dem block reward 47
- aus der Veräußerung gestakter Coins 54
- aus Kapitalvermögen 53
- aus Kapitalvermögen gem. § 20 EStG 60
- aus sonstigen Leistungen 50, 54
- aus Staking 52, 53, 54
- aus Transaktionsgebühren 47
- Verluste 28
**Einnahmen**
- in Geldeswert 71
- -Überschussrechnung 49
**Einspruch** 33
- -sentscheidung 33
- -sverfahren 32
Einzelbewertungsgrundsatz des HGB 83
Einzelrechtsnachfolger 67
Einzweckgutschein 58
Elektronische Datenübermittlung 30
ELSTER 30
Entgeltlich erworbene Security-Token 60
Entgeltlich erworbene Utility-Token und Currency-Token 60
Entwicklung der Kryptowährungen 2
Equity Token 89
**Erbschaftsteuer** 23
- Steuerklassen 23
Erträge aus der Hingabe von Coins 54
Ethereum 7
Europäische Richtlinie hinsichtlich der Behandlung von Gutscheinen 58
Exchanges 6, 93


## F


Festsetzung eines Verspätungszuschlags 27
FiFo-Methode 46
Finanzanlagen 89
Finanzgericht 34
Finanzgerichtsverfahren 34
First in First out 62
**Forderungen**
- gegen Unternehmen, mit denen ein Beteiligungsverhältnis besteht 91
- gegen verbundene Unternehmen 91
**Forks** 7
- Besteuerung 56
Freigrenze 42, 79
Fruchtziehung aus dem Vermögen 52
Fundraising-Projekt 8
Fußstapfentheorie 57


## G


**Geld**
- -wäsche 37
- -zuwendungen 71
Gemildertes Niederstwertprinzip 86
**Gericht**
- -sbescheid 34
- -skostengesetz 34
Geschichte der Kryptowährungen 1, 3
Getrennte Wallets 77
Gewerbeertrag 21
**Gewerbesteuer** 21
- -messbetrag 22
Gewerbliches Mining 49
Gewerbliches Trading 40

**Gewinn** 50
- -erzielungsabsicht 47
- - und Verlustrechnung 81

Grenze der Verlustverrechnung 48
Grenzsteuersatz 21
Grundfreibetrag 21, 79
Grundlegendes zur Bilanzierung 81

## H

Hard-Fork 7
Hard Wallet 46
Hardware-Wallets 16
Herstellungskosten 86
Hohe Anfangsinvestitionen 48
Hybride Token mit Zusatzfunktionen 59

## I

ICO 8
IEO 8
Initial Coin Offering 8
Initial Exchange Offering 8
Intelligente Verträge 12
Investition in Utility- oder Currency-Token 60
**Investment-Token** 89
- Anlagevermögen 91
- außerplanmäßige Abschreibungen 91
- Bilanzausweis 89
- Bilanzierung 89
- Folgebewertung 91
- Umlaufvermögen 91

## K

Kapitalrückforderungsanspruch 53
Kaufleute 81
Konkrete Aktivierungsfähigkeit 83
Konsensus-Findung 10
**Körperschaftsteuer** 20
- -gesetz 21
- -tarif 21

Krypto-Ökosystem 38
Kryptobereich, Einkünfte 20
Kryptobesteuerung 36
Kryptobörsen 6
Kryptounternehmen überlässt seinen Arbeitnehmern monatlich eigene hergestellte Coins 72
**Kryptowährungen**
- als Rechnungseinheit 61
- Ausland 79
- Besteuerung 18
- Besteuerung Lohnzahlungen 70
- Betriebsvermögen 24
- Bilanzierung 81
- Definitionen 4
- Fußstapfentheorie 57
- im Betriebsvermögen 24
- keine einheitlichen Umrechnungskurse 73
- Privatvermögen 23
- Steuerarten 20
- Verluste 43

Kursschwankungen 73

## L

Lagebericht 81
Leben im Ausland 79
**Lending** 8
- als Einkünfte aus Kapitalvermögen 68
- als sonstige Einkünfte 68
- Besteuerung 68
- Bestimmung der Einkunftsart 68
- Einkünfte aus der Veräußerung der erhaltenen Coins 69
- Verlängerung der Haltefrist auf 10 Jahre 69

Libra 3
Liebhaberei 48
LiFo 45
Litecoin 3
**Lohnzahlung in Kryptowährung**
- Besteuerung 71
- Bestimmung der Einkunftsart 71
- Sachbezugsfreigrenze von monatlich 44 € 71

## M

Manuelle Airdrops 4
Marging-Trader 8
Mehrzweckgutschein 58
**Merkmale**
- der Selbständigkeit 52
- einer gewerblichen Tätigkeit 52

Miner Konsensus, Methoden 9
**Mining** 9, 47
- Abgrenzungskriterien 47
- Begriff 9
- Besteuerung 47
- block reward 50
- Verluste 48

Mining Difficulty 10
Mobile-Wallets 16

## N

Nämliche Wirtschaftsgüter 45
No-action-letters 14
Nutzungsrecht-Token 93

## O

Öffentlicher Schlüssel 10
Open-Source Projekte 7

## P

Paper-Wallet 16
Private Key 10
**Privates Mining** 47
- Besteuerung 50
Private Vermögensverwaltung 41
Privatpersonen 18
Produkt-Token 93
Progression 79
Proof Of Stake 10, 11, 54
Proof Of Work 9, 11
Public Key 10

## Q

Qualifikation von Einkünften als gewerblich 40

## R

Rabattfreibetrag von jährlich 1.080 € 72
Rechnungseinheit gemäß § 1 Abs. 11 S. 1 KWG 15
Rechtbehelfsbelehrung 32
Regelverschonung 24
Revision oder Beschwerde beim Bundesfinanzhof 34

## S

Sachbezüge 71
Sachbezugsfreigrenze von monatlich 44 € 71
Safeguard 9
Sammelauskunftsverfahren 37
**Schenkung** 66
- oder Vererbung von im Privatvermögen gehaltenen Kryptowährungen 23
Schneller Zwischenhandel 79
Schwebendes Geschäft 93
**Security-Token** 14, 59
- Ausgabe 59
- Eigenkapital oder Fremdkapital 59
- im Privatvermögen 60
- Offering 11
- Veräußerungsgewinn 62
- Veräußerungsverlust 62
- Verkauf 62
Seed 11
Selbständig bewertbar 83
Selbständig verkehrsfähig 83
Smart Contracts 5, 12
Soft-Fork 7
Solidaritätszuschlag 20, 61
Sonstige Einkünfte, Freigrenze 51
Sparer-Pauschbetrag 62
Spekulationsfrist 54
**Staking**
- als gewerbliche Tätigkeit 52
- als sonstige Einkünfte 54
- Besteuerung 52
- Einkünfte aus Kapitalvermögen 53
- Sachleistung 54
**Steuer**
- -arten 20
- -bescheid 31
- -gestaltungen 77, 78, 79, 80
- -hinterziehung 36
- -pflichtige Schenkung 56
**Steuererklärung** 26
- Abgabe 29
- Abgabeverpflichtung 26
- Einspruch 32
- Erstellung 30
- Klage 33
- Steuerbescheid 31
STO 11
Strafbefreiende Selbstanzeige 36
Strenges Niederstwertprinzip 87
Stromkosten 51

## T

Tatbestandsmerkmal der selbständigen Tätigkeit 48
Tausch zwischen verschiedenen Kryptowährungen 6
**Token** 12
- Art der Einkünfte 61
- Besteuerung 58
- Besteuerung aus Sicht des emittierenden Unternehmens 58
- Currency-Token 15
- Gegenüberstellung 59
- Klassen 13
- Security-Token 14
- Übersicht 13
- Umsatzsteuer 59
- Umsatzsteuerbefreiung 58
- Utility-Token 14
**Trading**
- private Vermögensverwaltung 40
- von Coins 46
- von Coins, Besteuerung 40
Transaktionsgebühren 50
True and Fair View 82

## U

Übertragungen von Betriebsvermögen 24
**Umlaufvermögen** 84
- Investment-Token 91

**Umsatzsteuer** 22
- und Kryptogeschäfte 22

Unbeschränkte Steuerpflicht 18
Unterschied zwischen Coins und Tokens 12
**Utility-Token** 14
- Ausgabe 58
- Bilanzansatz 93
- Bilanzausweis 93
- Bilanzierung 93
- des Umlaufvermögens 95
- Erstbewertung 94
- Folgebewertung 95
- im Anlagevermögen 95
- Rechnungsabgrenzungsposten 95
- schwebendes Geschäft 93

## V

Verbindliche Auskunft 38
Verböserung 32
Verbrauchsfolgeverfahren 43
Verbundenheit mit anderen Unternehmen 90
Verfassungsmäßigkeit der Besteuerung von privaten Veräußerungsgeschäften 78
Verfassungswidrigkeit 77
Verfolgungsverjährung 36
**Verkauf**
- erhaltener Kryptowährungen durch den Arbeitnehmer 73
- von Security-Token 62

Verlagerung des Wohnsitzes 80
Verlängerung der Haltefrist auf 10 Jahre 55
**Verlust**
- -nutzung 77
- -rücktrag 28, 63
- -verrechnungsverbot 63
- -vortrag innerhalb der Einkunftsart 63

Vermeidung unbilliger Härten 30
Vermögensgegenstände 82
Verpflichtung zur Abgabe einer Steuererklärung 26
Verschonungsoption 24
Volatilität 28
Vor dem Staking handeln 78

## W

**Wallet** 15
- Arten 15

Webbasierte Online-Wallets 16
Welteinkommensprinzip 18
Werbungskosten 51
Wert der Kryptowährung im Zeitpunkt der Gutschrift in der Wallet der Arbeitnehmer 73
**Wertpapier**
- im Sinne von § 2 Abs. 1 WpHG 14
- -prospekt 14

Wie finde ich einen guten Steuerberater 75
Wirtschaftsgut 82

## Z

Zufluss von Airdrop-Coins 66
Zustellung des Gerichtsbescheids 34
Zuteilung von Airdrop-Coins 66